Justin Bellanger

Histoire de la traduction en France

Auteurs grecs et latins

© 2024, Justin Bellanger (domaine public)
Édition : BoD • Books on Demand GmbH, In de Tarpen 42, 22848 Norderstedt (Allemagne)
Impression : Libri Plureos GmbH, Friedensallee 273, 22763 Hamburg (Allemagne)
ISBN : 978-2-3225-4394-6
Dépôt légal : Août 2024

AVANT-PROPOS

Qu'est-ce que Traduire ? — Objectif et devoirs du traducteur.

Ma Profession de foi en matière de traduction.

T RADUIRE un auteur, c'est proprement contraindre cet auteur à parler un autre idiome que celui dans lequel il s'est exprimé originellement.

C'est transporter son ouvrage d'une langue dans une autre, de telle sorte que les lecteurs familiarisés avec l'original puissent le retrouver aussi intégralement que possible dans la copie.

Or, dans toute production littéraire, il faut distinguer le fond et la forme, la pensée et le style.

On voit donc tout d'abord, et d'après cette simple définition de l'art de traduire, que l'objectif du traducteur est double. Son travail consiste, d'une part, à approfondir et à élucider le sens de la phrase ; de l'autre, à restituer à la phrase sa physionomie propre.

D'où il suit que la meilleure traduction sera celle qui, sans jamais sacrifier l'une de ces deux obligations à l'autre, réussira à rendre avec une égale fidélité, non seulement tout ce que l'auteur aura dit et rien que ce qu'il aura dit, mais encore la façon dont il l'aura dit.

Il s'en faut de beaucoup que la majorité des traducteurs se soient conformés à une loi si rationnelle. La plupart d'entre eux, au contraire, ou l'ont ignorée, ou se sont fait un jeu de l'éluder. Sans remonter jusqu'aux imitations d'Amyot, dont les grâces naïves désarment la critique, il suffit de lire un passage de l'*Iliade* successivement dans Mme Dacier et dans M. Leconte de Lisle, pour mesurer l'intervalle qui sépare les unes des autres les anciennes traductions et nos traductions actuelles.

Ce qui frappe le plus lorsque l'on parcourt une traduction quelconque antérieure à notre époque, c'est le peu de souci de l'exactitude rigoureuse. Il semble que, aux yeux des littérateurs des XVIIe et XVIIIe siècles, la parfaite conformité entre la copie et le modèle ne soit pas la principale affaire. Tout au moins peut-on affirmer que, dans la plupart des cas, cette préoccupation demeure subordonnée chez eux à des préoccupations d'une autre nature.

Que dirions-nous d'un portrait où le peintre aurait mis toutes les autres qualités, excepté la ressemblance ? Telles, en général, les traductions des XVIIe et XVIIIe siècles. Moins jalouses d'être vraies que de se faire lire avec plaisir, elles se distinguent quelquefois par les mérites du style, rarement par *la* fidélité.

On se tromperait d'ailleurs si l'on attribuait cette infériorité de nos devanciers exclusivement à l'imperfection de leur méthode. D'autres causes se sont réunies à celle-là pour empêcher de si habiles artistes de bien réussir, en dépit de tous leurs talents, et au premier rang de ces causes il convient de placer l'insuffisance des outils dont ils disposèrent. Songeons que la plupart des textes étaient alors plus ou moins tronqués ou altérés, que les plus importantes conquêtes de la philologie ne remontent guère au delà d'un demi-siècle, et que les travaux de Dübner et des autres savants de notre époque ont singulièrement facilité la tâche de nos traducteurs contemporains.

Quoi qu'il en soit, une sorte d'abîme sépare notre école actuelle de traduction de celles qui l'ont précédée. L'exact y a détrôné l'à peu près, et cette modification introduite dans les procédés des traducteurs marque une révolution radicale dans l'art de traduire.

L'histoire de la traduction française ne saurait donc être autre chose que l'étude comparative des diverses phases par lesquelles a passé successivement chez nous l'art du traducteur.

Déterminer ces phases et en rappeler les circonstances les plus intéressantes ; caractériser avec justesse chacun des efforts tentés, signaler les errements, noter les progrès, enfin faire revivre tour à tour aux yeux des lecteurs l'œuvre par l'analyse et l'écrivain par la biographie, tel est le plan que nous suivrons pour la composition de notre travail.

Notre plus grand souci sera d'éviter l'injustice dans nos appréciations. Aussi ne s'étonnera-t-on pas de voir nos jugements personnels s'appuyer à l'occasion sur ceux d'un Raynouard ou d'un Letronne, d'un Patin ou d'un Egger. En agissant autrement, nous croirions manquer de modestie.

Du reste, non moins jaloux d'honorer les humbles efforts que d'applaudir aux brillants résultats, nous considérerons tous les traducteurs ensemble comme une légion de travailleurs ayant contribué, chacun selon sa force, à la construction d'un même édifice. Sans doute celui-ci y a introduit quelques pierres de médiocre qualité, sans doute celui-là y a fait entrer quelques couches de mortier maladroitement préparé... qu'importe ! C'est grâce au concours des uns et des autres que la maison est debout. Cela suffit pour que nous n'hésitions pas à accorder au dernier d'entre eux les remerciements auxquels tous ont droit.

Et maintenant, si quelqu'un, en lisant ces pages, se sentait tenté de nous reprocher parfois un excès d'indulgence, nous le prierions de méditer cette maxime qui servira d'épigraphe notre étude : Il y a au monde une chose plus rare encore que de composer un bon livre, c'est de composer une bonne traduction.

ARGUMENT

L'Histoire de la traduction en France peut se diviser en cinq périodes distinctes, savoir :

1° Depuis les temps les plus reculés jusqu'au temps *d'Amyot ;*
2° Depuis Amyot jusqu'à *Madame Dacier ;*
3° Depuis Madame Dacier jusqu'à *Dureau de la Malle ;*
4° Depuis Dureau de la Malle jusqu'à *Burnouf ;*
5° Depuis Burnouf jusqu'à nos jours.

Telles sont les cinq principales étapes tour à tour franchies par la traduction avant d'atteindre le point de perfection où nous la voyons parvenue.

A chacun de ces âges correspond une manière particulière d'entendre le rôle du traducteur, et chacune de ces étapes marque une nouvelle évolution de l'art de traduire.

Nous suivrons pas à pas cette marche progressive et ascendante. Puis nous jetterons un regard sur l'ensemble du chemin parcouru et nous essaierons de dégager de ce travail l'enseignement qu'il comporte.

PREMIÈRE PÉRIODE OU LES PRIMITIFS

(XIVᵉ , XVᵉ , XVIᵉ SIÈCLES)

L E doyen de nos traducteurs est incontestablement *Nicolas Oresmes*.

La première traduction qui ait été faite, non seulement en langue française, mais dans une langue moderne, remonte à l'année 1370, et elle fut exécutée ; d'après les ordres du roi Charles V, par Nicolas Oresmes, son chapelain. Elle comprend la Morale, la Politique et l'Économique d'Aristote.

Nicolas Oresmes nous apprend lui-même quel motif inspira au roi la pensée de lui commander ce travail.

« Le roi — dit-il, dans le préambule de la Morale, — a voulu pour le bien commun faire les translater en françois afin que il et ses conseillers et aultres les puissent mieulz entendre. »

Comme on le voit, le but du roi était le bien commun, l'intérêt général et national, nous dirions aujourd'hui l'intérêt patriotique. Cette version était destinée d'abord au chef de l'État, puis à ses Ministres, enfin aux personnages considérables du royaume. Elle devait mettre la sagesse d'Aristote à la portée des gouvernants et contribuer à les rendre plus justes et plus habiles. Tel était le plan de Charles V. L'idée ne manquait pas de grandeur.

En devenant traducteur par ordre, Nicolas Oresmes remplissait donc une sorte de mandat politique. Il se trouvait dans la situation d'un fonctionnaire s'acquittant d'un devoir officiel.

Du reste, il ne paraît pas que ce savant homme ait éprouvé la moindre répugnance à satisfaire au désir de son maître. Son ouvrage, des plus remarquables pour le. temps où il fut composé, a trouvé de nos jours encore d'ardents panégyristes. Ce qui nous surprend le plus, quand nous le lisons après cinq cents années, c'est l'esprit dans lequel il a été fait. Chose singulière ! C'est surtout par la recherche de l'exactitude, par le respect du texte, que se distingue Oresmes ! Un bien petit nombre de ceux qui viendront après lui le surpasseront sous ce rapport. Partout le texte latin, dont il se sert, est traduit par lui avec une fidélité qui eût dû servir de modèle à ses successeurs immédiats.

Ce serait pour l'historien de la traduction une bien bonne fortune que de pouvoir saluer dans Charles V lui-même le collaborateur de Nicolas Oresmes. Par malheur, une telle assertion ne repose sur aucune preuve. Voici à quelle occasion elle a été hasardée.

Dans la Dédicace, que Nicolas Oresmes adresse au roi, en tête de la Politique, on lit ceci :

« Ai je cest livre, qui fut faict en grec et après translaté en latin, de vostre commandement de latin translaté en françois, exposé diligemment, et mit obscurité en clairté, *soulz vostre correction,* au bien de tous et à lhonneur de dieu. amen ! »

Plusieurs écrivains, entre autres Barthélemy Saint-Hilaire, se sont demandé si ces mots *Soulz vostre correction* ne devaient pas être entendus à la lettre, en d'autres termes, si le roi n'avait pas personnellement retouché l'ouvrage.

Malgré tout le respect que m'inspire la haute autorité de Barthélemy Saint-Hilaire, je ne saurais, je l'avoue, me ranger à cette opinion. Il me paraît, au contraire, de toute évidence que les trois mots en question ne sont pas autre chose qu'une simple formule de respect. Elles équivalent à peu près à notre : Sauf approbation de votre part.

Quoi qu'il en soit, l'honneur de cette première traduction n'en revient pas moins à Charles V, puisque ce fut lui qui en conçut le premier l'idée et qui en ordonna l'exécution.

L'exemple donné au monde lettré par le chapelain de Charles V, ne devait pas être imité très promptement dans notre pays. Près d'un siècle d'intervalle sépare Nicolas Oresmes de ses successeurs immédiats, *Pierre Berchoire* et *Robert Gaguin.*

Je me bornerai à nommer le premier, et je mentionnerai sa version informe des Décades de Tite-Live, à titre de curiosité archéologique.

Quant à Robert Gaguin, son contemporain et son émule, il mérite davantage notre attention. Non que le César francisé par lui vaille mieux que le Tite-Live francisé par l'autre, mais sa personne, au défaut de son ouvrage, présente de l'intérêt.

Robert Gaguin fut tout à la fois général des Trinitaires, professeur, chroniqueur, traducteur et diplomate.

Le roi Louis XI, qui se connaissait en hommes, fit assez de cas de Robert Gaguin pour lui confier des missions diplomatiques importantes. Charles VIII l'employa, à son tour, comme ambassadeur auprès des Cours étrangères. Un tel rôle devait lui convenir excellemment, puisqu'il avait été surnommé *Le mieulz diseur de son temps.*

Tous ces mérites ne lui permirent pourtant pas de s'élever beaucoup au dessus de Pierre Berchoire comme traducteur. Grâce à leur double effort, les Commentaires et les Décades passèrent pour la première fois et presque, simultanément dans notre langue, mais ils y passèrent dans des conditions de défectuosité et d'incorrection à peu près égales.

Avec le XVIe siècle s'ouvre véritablement l'ère des Primitifs.

Le grand mouvement littéraire de la Renaissance, en provoquant chez nous, avec un élan irrésistible, l'imitation des Grecs et des Romains, ne pouvait manquer d'y favoriser le goût et l'essor des traductions. Aussi, dès la première heure, voyons-nous éclore comme par enchantement une innombrable légion de traducteurs, soit du grec, soit du latin.

Hellénistes et latinistes, tous ces amants de l'antiquité païenne rivalisent d'ardeur pour communiquer au public une part des jouissances intellectuelles qui font leurs délices.

Ils veulent que désormais les personnes du monde, même les plus étrangères à l'étude des langues anciennes, puissent connaître Homère et Virgile autrement que par ouï-dire.

Ils veulent déchirer pour toujours le voile qui, avant eux, cachait la lumière de Platon et celle d'Aristote aux regards profanes.

Aimer et admirer Cicéron ne leur suffit pas ; se délecter d'Horace ou se nourrir de Tacite est trop peu pour eux. Ils veulent que tout le monde soit mis à même de partager cette admiration et cet amour, ces hauts enseignements et ces joies délicates.

Avoué ou inconscient, leur but consistera donc, avant tout, à glorifier les chefs-d'œuvre en leur donnant la plus large publicité possible, et, dans leur pensée, il est clair que le rôle de traducteur se confondra plus ou moins avec celui de vulgarisateur.

Une telle manière d'envisager la traduction entraînera fatalement le traducteur dans une fausse route. S'il part de ce principe que son unique, tout au moins son principal devoir est de rendre accessible à la masse ce qui n'était accessible qu'au petit nombre, il se condamne inévitablement à mettre la question du plaisir des lecteurs au-dessus de toutes les autres. Car la première condition pour que l'ouvrage soit lu, c'est qu'il offre à des intelligences encore novices, peu lettrées, peu cultivées, un délassement, non un travail ; la seconde, qu'il soit aussi conforme que possible au goût du jour.

On devra donc, sous peine d'éprouver un échec, supprimer pour le lecteur la fatigue et l'effort.

On coupera, aussi souvent que la chose paraîtra nécessaire, tout ce qui sera de nature, soit à choquer ses idées, soit à contrarier ses sentiments, soit à étonner ses habitudes sociales et sa manière de vivre.

On évitera, en un mot, de le dépayser. En toute occasion, on se souviendra qu'il habite Paris, non Rome ni Athènes ; qu'il est né fidèle sujet du roi très chrétien, non citoyen d'une République aristocratique et païenne ; qu'il vit au temps de François 1er ou de Henri II, non au siècle d'Auguste ou de Périclès.

A ces conditions seulement les traducteurs pourront voir leurs travaux récompensés par la faveur publique, et, comme conséquence, la renommée de leur poète ou de leur prosateur préféré bénéficier de leur succès.

Aussi voyez avec quelle merveilleuse aisance le monde Grec et Romain se transforme sous la baguette de ces magiciens !

Un trait leur appartient à tous et les caractérise, c'est l'intrépidité avec laquelle leur plume habille à la moderne les usages, les institutions, le moindre détail de la vie publique ou privée des Grecs et des Romains.

« Les mots ne répondent plus aux choses. Les expressions produisent l'effet d'un travestissement. On croit voir les grands hommes d'Athènes et de Rome accoutrés en échevins ou en quarteniers, et l'on est tout supris de retrouver au Capitole ou au Parthénon la langue et les coutumes du parloir aux Bourgeois. »

Le plus séduisant d'entre eux, comme le plus célèbre, Amyot, vous entretiendra, du plus grand sérieux et avec une bonne foi presque comique, du *Parlement des Amphyétions*, et d'Anaxoras accusé *d'hérésie*.

Vous trouverez dans son antiquité à lui des *sergents,* des *prévôts,* des *syndics,* des *baillis,* le *clergé,* les *gens d'église,* des *religieuses,* des *sacristains* et des *marguilliers*.

Il force Diodore de Sicile à parler *tournois, gendarmerie, dagues, salades, hauberts, marions* et *brigandines*.

Il donne à Léonidas, au passage des Thermopyles, des *maréchaux de camp*.

Il n'est pas jusqu'à la Campanie dont il ne fasse bravement la *Champagne*, et nous apprenons de lui, non sans surprise, que ceux de Carthage ont envoyé à ceux d'Egeste un renfort de huit cents *Champenois* !

Bref, on ne saurait outrager avec plus de désinvolture ce que nous appelons de nos jours la couleur locale.

Et pourtant, en fait d'anachronismes, Amyot ne fut pas le plus grand maître de son temps. D'autres le surpassèrent encore, et en tête de ceux-là *Pelletier du Mans,* le plus étonnant des traducteurs d'Horace.

L'Horace de Pelletier a complètement renoncé à sa nationalité, et brûlé sans vergogne son acte de naissance. il a rejeté sa toge démodée, et il a ajusté à sa taille le pourpoint à crevés en usage à la Cour des Valois d'Angoulême. Rien de ce qui est pratiqué, en 1545, à la Cour du roi de France, ne lui est étranger ; rien de ce qui en fait l'ornement ou la gloire n'est passé par lui sous silence. Il parle de *l'imprimerie* et des *imprimeurs ;* il parle de *l'orgue* et des *organistes*. Messalia et Cascellius y deviennent *Poïet* et

Liset ; *Alain* et *Meung* y figurent Cécile et Plaute ; Virgile y cède gracieusement la place à *Clément Marot*. Tant il est vrai que la principale préoccupation d'alors était de rendre l'antiquité plus piquante en la modernisant.

Il faut dire que cette manie de tout défigurer à plaisir, bien qu'elle soit commune à tous les écrivains du XVIe siècle, ne se rencontre pas chez tous au même degré. C'est une épidémie, tantôt violente, tantôt bénigne. Même chez les plus éhontés de ces travestisseurs vous découvrez avec satisfaction telle ou telle qualité, soit de grâce naïve, soit de verdeur primesautière, qui compense dans une certaine mesure le défaut de méthode. Ce Pelletier, si ridicule, écrira pourtant des vers tels que ceux-ci :

Ni plus ni moins qu'un bois se renovele,
Par chaque an de verdure novele,
Aïant ïeté tant son premier feuillage :
Ainsi des mois se passe le vieil âge ;
Et sont en fleur les vocables récents
Ainsi que sont jeunes adolescents.

Est-ce qu'il ne s'exhale pas de cette poésie, tout informe qu'elle est, une fraîcheur printanière capable de racheter bien des erreurs ?

Notez que le cas de Pelletier n'est nullement une exception. La plupart de ses émules contemporains nous charment par la sincérité de leur sentiment, en même temps qu'ils nous font sourire par les étrangetés de leur archéologie.

Je partagerai les Primitifs en deux classes distinctes : les oubliés et ceux qui ont mérité de l'être. Il va sans dire que les seconds sont de beaucoup les plus nombreux. Et pourtant, même parmi ceux-là, combien ont droit à notre respect !

Par exemple, aurons-nous le courage de tenir rigueur à *Clément Marot* pour s'être essayé avec un égal insuccès à traduire Virgile et Ovide ? Il n'avait pas accompli sa dix-septième année lorsqu'il versifia en français la première Eglogue. Dix-huit années plus tard, Marot, dans toute la vigueur de son talent, dans tout l'éclat de sa renommée, Marot, devenu le poète favori de la Cour, offrit au roi François Ier une version du Premier livre des Métamorphoses.

Il est curieux de lire dans sa Dédicace l'exposé des motifs qui lui ont fait entreprendre ce travail.

« Le mien plus affectionné et non petit désir avait tousjours été, syre, de povoir faire œuvre en mon labeur poétique qui tant vous agréast, que par là je pusse devenir le moindre de vos domestiques. Et pour ce faire mis en avant comme pour mon roy tout ce que je peulz, et tant importunay les Muses que elles enfin offrirent à ma plume inventions novelles et antiques, lui donnant le choix ou de torner en notre langue quelque chose de la latine ou d'escrire œuvre novelle par cy devant non encore jamais veue. Lors je consideray que à ce Prince de hault esprit haultes choses lui affiérent, et tant ne me fiay en mes propres inventions que pour vous trop basses ne les sentysse. Par quoy, les laissant reposer, jettay l'œil sur les livres latins... entre lesquels les Métamorphoses d'Ovide me semblent le plus beau. »

En offrant au roi une traduction d'Ovide, au lieu de lui offrir un ouvrage original de Clément Marot, Clément Marot faisait preuve d'une grande modestie comme auteur. Mais, comme critique, faisait-il preuve d'un grand goût en plaçant les Métamorphoses d'Ovide au-dessus de tous les autres livres latins ?

Ovide, malgré sa prodigieuse fécondité, malgré l'incontestable richesse de son imagination, demeure à une longue distance de Virgile et d'Horace.

Virgile et Horace, quoi que l'on puisse dire de leurs ouvrages, nous apparaîtront toujours comme les deux manifestations les plus parfaites du génie littéraire chez les Romains. Ovide, au contraire, par la nature même de ses qualités comme de ses imperfections, semble déjà toucher aux âges de la décadence. Par un phénomène étrange, sa poésie, pourtant contemporaine de l'Enéide, n'appartient déjà plus au siècle d'Auguste. Je ne sais quoi de lâche et de diffus y remplace cette sobriété élégante, cette correction impeccable, qui sont comme la marque de fabrique des écrivains de son temps.

Ce qui manque le plus à Ovide quand on le compare ; soit à Virgile, soit à Horace, c'est la hauteur de l'inspiration. Par certains côtés il est ce que nous appellerions volontiers un poète de genre, pour emprunter le langage des peintres. Rarement il s'élève. La plupart des sujets qu'il traite sont légers ou frivoles. A l'exception des *Tristes* et des *Métamorphoses,* l'ensemble de son œuvre comprend de petits poèmes érotiques assez proches parents, en somme, des fades compositions qui firent les délices de nos pères au siècle dernier.

Le style d'Ovide, d'ailleurs chatoyant et plein d'étincelles, a plus d'éclat que de chaleur. Il est souvent encombré d'épithètes redondantes, de répétitions oiseuses. Horace et Virgile, d'un seul coup de brosse, mais net et précis, ont achevé le tableau ; Ovide pour composer le sien entasse successivement, avec un art éblouissant, mais avec une exubérance de ressources presque regrettable, traits sur traits, couleurs sur couleurs. Celui-ci est plus ingénieux ; les autres sont plus puissants.

Marot s'est donc mépris sur la valeur relative du génie d'Ovide en lui attribuant la première, place dans la littérature latine. Il n'en a pas moins l'honneur d'avoir été le premier à le traduire.

Les auteurs anciens qui ont été le plus souvent traduits par les Primitifs du XVIe siècle sont Homère et Aristote, puis Virgile, Cicéron et Horace. Il serait assez difficile d'établir lequel de ces cinq grands hommes a été le plus maltraité par eux.

L'un des plus coupables de ces pseudo-traducteurs, fut, je crois, ce bon *Michel de Tours.* Il n'hésita pas à offrir au public un Cicéron (Lettres familières) dont *Étienne Dolet* a pu dire sans exagération : « Une telle version a été faite en dépit des Muses latines et françaises, et le gentil traducteur premier a si bien corrompu le sens qu'il faudrait être un Apollon pour deviner ce qu'il veut dire. »

Je ne sais si ce jugement un peu raide de l'un des princes de l'érudition contemporaine eut la vertu de dégoûter le pauvre Michel de Tours du métier de mauvais traducteur ; en tout cas le service que lui rendit dans cette occasion son illustre confrère arriva un peu tardivement, puisque les traductions successives des Églogues, des Géorgiques et de l'Énéide, par le même auteur, sont de beaucoup antérieures à celle des Lettres familières.

Les *Desmazures,* les *Le Blant,* les *Leslu Macault,* les *Claude Sussy,* les *Teyssonnière,* les *Trédéhan,* les *Jonzaud d'Uzès,* les *Du Vair,* et tutti quanti, n'ont pas eu besoin d'être bafoués par Etienne Dolet pour partager l'oubli où est tombé si justement Michel de Tours. Même les *frères d'Agneaux,* ces triomphateurs éphémères qui durent à leurs versions de Virgile et d'Horace une gloire retentissante, ne tardèrent pas à être délaissés à leur tour.

Le plus fécond de tous ces pionniers de la première heure, ce fut *Blaise de Vigenère.* Il traduisit successivement Tite-Live, Tacite, Cicéron et César.

Blaise de Vigenère, qui traduisit mal les trois premiers de ces auteurs et médiocrement le quatrième, fut l'un des personnages distingués de son temps.

Il débuta par être secrétaire d'ambassade, puis monta en grade et devint le secrétaire de la Chambre du roi Henri III.

Nous devons supposer, ou que ces diverses fonctions lui laissèrent beaucoup de loisirs, ou qu'il fut doué d'une puissance de travail bien extraordinaire, car peu d'écrivains ont produit autant que celui-là. On pourrait surnommer Blaise de Vigenère l'Alexandre Dumas des traducteurs de la Renaissance.

Nous nous sommes borné jusqu'ici à jeter un coup d'œil sur ceux des Primitifs qui nous ont paru tout à fait dignes de l'oubli où ils étaient tombés. Il est temps de nous arrêter devant des figures plus intéressantes et qui composent l'élite des traducteurs de cette période. Entre ces figures l'une des plus respectables, sinon des plus brillantes, c'est celle de *Louis le Roy,* dit *Regius.*

Louis le Roy fut l'un des premiers professeurs de grec au Collège de France. Ne possédât-il pas d'autre titre que celui-là, pourrions-nous sans irrévérence mettre son nom sur la même ligne que ceux dont nous venons de parler.

Mais le docte Regius ne se contente pas de nous imposer par ce souvenir universitaire. Il nous a laissé des traductions dont les mérites, contestés par les uns, prônés par les autres, partagent encore les érudits après trois siècles.

Il traduisit divers ouvrages de Platon, d'Aristote, de Démosthène et de Xénophon.

Sa traduction de la Logique d'Aristote est diversement appréciée par les savants de notre époque, qui l'ont soumise à un examen approfondi.

Barthélemy Saint-Hilaire, tendre pour quelques-uns, se montre dur pour Regius. Il lui reproche de s'écarter trop souvent du texte et de « ne pas aborder les difficultés grammaticales ».

Au contraire, Egger, un juge habituellement sévère, lui donne des louanges. Il est fort éloigné de faire fi des versions de Louis le Roy en général. Celle-ci lui paraît particulièrement estimable. « Trop vieille pour être lue sans fatigue, elle offre — dit-il — un bon exemple pour un écrivain qui veut remettre en français le même original. »

Une autre traduction de Louis le Roy est louée par Egger, non pour une fidélité irréprochable, mais pour des qualités de style : celle de Démosthène. Son panégyriste ne se lasse pas d'y admirer le tour vraiment français de la phrase, la précision souvent nerveuse qui s'adapte si bien au modèle.

Étienne de Laigle, sire de Beauvais, ne paraîtra pas indigne d'être cité après Regius, car il se présente à nous muni d'un vrai passeport pour la postérité. Montaigne lui-même nous le recommande comme un « très laborieux homme », et il le classe magnifiquement parmi ces nobles « qui semblent avoir chassé l'ignorance jadis cantonnée dans tous les coins du royaume ». Bel éloge, et dont nous devons tenir compte à ce diplomate doublé d'un littérateur.

Étienne de Laigle, à vrai dire, s'occupa plus spécialement d'histoire naturelle que de littérature. Toutefois il se passionna tellement pour l'étude, que, tout en s'occupant avec activité, ainsi qu'il nous l'apprend lui-même, des tortues, des grenouilles, des escargots et des artichauts, il trouva encore le temps de traduire César. Je n'insisterai pas plus longuement sur le protégé de Montaigne.

Voltaire proclame Martignac le premier traducteur d'Horace. C'est se montrer à la fois bien indulgent et bien sévère : bien indulgent pour Martignac, dont nous verrons la prose incolore trahir si lâchement les grâces du modèle ; bien sévère pour les vieux rimeurs du XVIe siècle, qui, à défaut d'autres mérites, ont du moins celui de la naïveté et de la fraîcheur du langage.

Si tu lisais quelque chose à Quintil,
Ceci corrige et cela — disait-il.
Si lu disais mieux faire ne povoir
Et essayé deux ou trois fois à voir,
Il commandait effacer à la plume
Vers mal tornès et remettre à l'enclume.
Si mieulz aymais défendre ton erreur
Que l'amender et changer en meilleur,
Plus pas un mot. Plus il ne prenait peine,
Peine perdue et diligence vaine.

Mais permettait que sans envie et rage
Aymasses seul et toi et ton ouvrage.

Certes, je ne donne pas ces vers de *Claude Fontaine* pour un modèle achevé de l'art de traduire, encore moins pour un modèle de poésie. Mais je leur trouve, je le confesse, une saveur piquante de beaucoup préférable à l'artifice prétentieux de bien des versions modernes.

Du reste, Claude Fontaine ne saurait être rangé au nombre des véritables traducteurs, puisque son imitation de l'Épître aux Pisons n'a jamais été publiée. Mais il a le droit d'être salué comme le premier en date des admirateurs d'Horace qui ont cherché à faire parler le poète Romain en vers français.

L'Art poétique de *Vauquelin de la Fresnaye,* publié, en 1605, appartient de fait au XVIe siècle, puisqu'il a été écrit en 1574. Bien qu'il ne soit pas une traduction de l'Épître aux Pisons, il s'inspire si directement de celle-ci, que nous ne sortirons pas de notre sujet en accordant un coup d'œil à cette curieuse production.

On découvre souvent, en fouillant un peu dans ces pages singulières, des vers bien frappés, des expressions qui rendent tel ou tel hémistiche latin avec une justesse remarquable. Je citerai, par exemple, le *Cereus in vitium fiecti* d'Horace si heureusement rendu par ce vers :

Au vice, comme cire, il est ployable et tendre.

Boileau n'a pas dédaigné d'emprunter à Vauquelin de la Fresnaye un nombre assez considérable de vers, qu'il a fait siens, hâtons-nous de le dire, en les rendant meilleurs.

Les deux vers suivants :

Et vous plaid en peincture une chose hideuse,
Qui serait, à la voir en essence, fascheuse.

sont devenus dans Boileau :

*Il n'est pas de serpent, ni de monstre odieux
Qui, par l'art imité, ne puisse plaire aux yeux.*

Ou bien encore ceux-ci :

*Le théâtre jamais ne doit être rempli
D'un argument plus long que d'un jour accompli.*

modifiés par Boileau sont devenus le précepte célèbre :

*Qu'en un lieu, qu'en un jour, un seul fait accompli
Tienne jusqu'à la fin le théâtre rempli.*

On voit que Boileau ne se gênait pas plus que Molière pour prendre son bien partout où il le trouvait.

Je reviens aux prosateurs.

C'est un fait bien curieux que l'oubli dans lequel était tombé chez nous l'une des plus précieuses traductions du XVIe siècle, l'Hérodote *de Saliat*. Les érudits l'avaient bien connue jusqu'en l'année 1740, puisque ce fut à cette date que *l'abbé Bellanger* l'apprécia, non sans rigueur, dans ses *Essais de critique*. Depuis ce moment, il semble qu'on l'ait tout a fait perdue de vue. En 1864, un laborieux et sagace traducteur, à qui nous devons tant de travaux distingués, M. Talbot, s'avisa de remettre en lumière cette traduction, tout en signalant les défauts qui la déparent et qui tiennent en partie à la date de sa naissance.

Dans une introduction, M. Talbot nous fait connaître l'histoire, le caractère et les mérites du travail de Saliat. Avec à propos, il nous rappelle, à l'honneur du vieux traducteur, que c'est à Saliat, mais sans le nommer, que Montaigne emprunte les nombreuses citations d'Hérodote éparses dans les Essais.

Ce serait presque commettre une impiété que de ne pas inscrire le nom *d'Etienne Dolet* au nombre des traducteurs qui ont le plus de droit à notre vénération, car Etienne Dolet paya de sa vie la satisfaction littéraire d'avoir le premier traduit en français l'Axiochus de Platon.

Dans ce dialogue, on sait que Socrate, parlant de ce que nous devenons après notre mort, dit à son interlocuteur : « Tu ne seras plus. » Étienne Dolet traduisit : « Tu ne seras plus *rien du tout*. » Ces trois mots ajoutés furent son arrêt de mort. La Sorbonne jugea cette addition comme une profession d'hérésie. En conséquence, Étienne Dolet, condamné de ce chef, conformément à la loi qui punissait les hérétiques, fut pendu, puis brûlé.

On a appelé un peu emphatiquement Étienne Dolet le Christ de la Libre-pensée. En tout cas, il peut être salué comme le martyr de l'intolérance religieuse ; ou, plus simplement encore, et pour ne pas sortir de notre sujet, comme la victime de la traduction.

Étienne Dolet fut d'ailleurs le plus habile latiniste de ce siècle où tout le monde parlait et écrivait dans la plus pure latinité.

Outre cet Axiochus qui lui coûta la vie, il nous a laissé une très remarquable version des Lettres familières de Cicéron. Dans la préface de cet ouvrage il nous confie le projet qu'il a formé de publier ultérieurement « tous aultres bons livres sortis de bonne forge « latine et françoise ». Ce qui signifie que, si le bûcher ne l'eût pas pris à la science à l'âge de trente-sept ans, il nous eût certainement laissé un nombre considérable de travaux analogues.

Circonstance touchante, et que l'histoire ne saurait négliger, dans sa prison ce vigoureux esprit resta encore assez maître de lui-même pour traduire les Tusculanes, et il mit dans ce travail les mêmes qualités de perfection qu'il avait mises ailleurs.

Un autre travailleur bien digne de mémoire, c'est le vieux traducteur d'Homère, *Salomon Certon*.

Salomon Certon avait acheté une charge de conseiller honoraire. Mais, cédant à son penchant pour la poésie, il consacra à celle-ci la meilleure part de sa vie. On peut le considérer comme ayant formé la souche de nos magistrats-littérateurs, nombreuse lignée dont la descendance perpétue, jusque dans le sein de nos Académies et de nos Sociétés littéraires contemporaines, les antiques traditions de la culture des Lettres alternant avec la pratique du droit.

La traduction de Salomon Certon, revue au XVIIIe siècle par *l'abbé Terrasson,* est écrite d'une main négligente et inexpérimentée, mais avec une franchise de langage et une sagesse remarquables ; à l'exemple de Ronsard et de du Bartas, elle se permet des hardiesses d'inversions, des inventions d'épithètes et de mots composés ; mais ce style primitif et personnel représente plus fidèlement que ne fait aucune version récente, l'abondance, l'incorrection syntaxique et la vivacité expressive du langage des Homérides.

J'arrive enfin à celui de tous les traducteurs du XVIe siècle dont la renommée rayonne de l'éclat le plus pur et le plus incontesté, je veux dire *Amyot*.

Le nom d'Amyot est resté en France presque inséparable de celui de Plutarque, tant le style du célèbre aumônier de Charles IX a conservé de séductions naïves et de grâces inaltérées.

« Monsieur Amyot — a dit de lui Frédéric Morel, son contemporain, son admirateur, son disciple et son éditeur — monsieur Amyot, faisant parler en françois Plutarque, lui a su donner cette même gravité dans la phrase françoise qu'il avait en ses termes grecs, voire avec plus de grâce et de doulceur, ce semble, l'ayant sursemé d'un certain miel délicieusement coulant, qui charme l'esprit et l'oreille en cette aimable ambroisie dont il est plein. »

On sait de quelle faveur extraordinaire n'a cessé de jouir en France le Plutarque d'Amyot depuis l'année 1559 jusqu'à nos jours.

Dans cette période de plus de trois siècles, à peine peut-on signaler deux ou trois notes discordantes au milieu du concert persistant des éloges dont cette traduction fut l'objet. Au XVIIe siècle, elle résiste victorieusement aux sévérités brutales du très savant, mais du très injuste *Méziriac* ; et, au commencement du nôtre, elle triomphe sans grand effort des attaques plus redoutables de *P.-L. Courier*.

Le premier de ces deux critiques prétendait avoir relevé jusqu'à deux mille fautes contre le sens dans cette traduction. Or, dans un très remarquable éloge d'Amyot, éloge auquel l'Académie française décerna, en 1849, un premier prix accessit d'éloquence, un tout jeune professeur, le regretté de Blignières, prenait en main la cause de l'accusé, et démontrait l'exagération ridicule du chiffre avancé par Méziriac. D'un autre côté, il passait condamnation sur les erreurs d'interprétation et même sur les défauts de style repris par Courier, et développait fort judicieusement cette idée que l'habile artisan de langage abusait trop envers son vieux prédécesseur de cette précision moderne, tout à fait inconnue à l'époque d'Amyot, et qui diffère beaucoup plus du style de Plutarque que la grâce, un peu luxuriante des écrivains de la Renaissance.

Au reste, on ne saurait caractériser avec plus de justesse, soit les beautés, soit les imperfections du Plutarque d'Amyot que ne fait Amédée Pommier, le concurrent heureux d'Auguste de Blignières.

« La pénurie des termes — dit Amédée Pommier — n'est pas le défaut d'Amyot ; ce serait plutôt leur profusion. Il a un peu de ce que Cicéron appelait le style asiatique. Dans son désir d'arrondir la phrase, il la moule parfois trop exactement sur celle du modèle. Il s'engage alors dans d'interminables parenthèses, dans des circuits et des labyrinthes de paroles, qui mettent le lecteur hors d'haleine ; et son expression, molle et abondante, flotte sur la pensée comme un vêtement d'une ampleur excessive, au lieu de ressembler à ces draperies de la statuaire qui serrent de près la forme et accusent le nu. »

Aux yeux des bons juges, Amyot reste encore, même après Courier, le seul traducteur de Longus. L'imitation qui en a été faite par Courier en style du XVIe siècle, peut être estimée comme une curiosité littéraire, mais ne fait pas oublier l'un des chefs d'œuvre de notre vieille langue.

En résumé, au milieu des *Desmazures,* des *du Pinet,* des *d'Agneaux* et même des *La Boëtie,* ressort Amyot, car il a part à la même tâche et mêle à un art analogue des mérites d'écrivain supérieur.

Est-ce à dire que nous puissions qualifier Amyot d'excellent traducteur ?

Nous avons constaté plus haut avec quel sans gêne, avec quelle surprenante intrépidité, ce séduisant faussaire métamorphosait le monde antique. Traduire comme il fait, est-ce traduire ? Non, puisque c'est donner du modèle une image qui manque de ressemblance.

Rendons pleine justice aux qualités qui appartiennent en propre à Amyot, car elles assurent à ses œuvres, malgré leurs défauts, une réputation et une estime qui dureront aussi longtemps que la langue française. Mais gardons-nous de fermer les yeux sur l'imperfection de sa méthode, car cette imperfection, commune, ainsi qu'on l'a vu, à tous les écrivains de son temps, le gâte, lui aussi, et plus profondément que tous les autres. Il résume dans sa manière comme dans son style toutes les qualités caractéristiques des Primitifs ; mais chez lui ces qualités, j'entends les pires comme les meilleures, sont portées au paroxysme de leur développement. Il incarne en lui et il personnifie de la façon la plus brillante toute la somme des efforts accomplis depuis François Ier jusqu'à Henri III pour répandre en France, non seulement la connaissance, mais l'amour des chefs-d'œuvre de la littérature ancienne. Aussi l'épithète de vulgarisateur, dont nous nous sommes servi une première fois, en parlant de ses confrères en traduction, lui convient-elle excellemment. Nul écrivain n'a mieux que lui contribué à populariser dans notre pays le nom et les ouvrages de Plutarque. Pardonnons donc à Amyot ses infirmités et ses errements, en faveur de sa grâce indélébile et de son charme qui ne vieillit pas, et saluons son Plutarque, sinon comme une traduction parfaite, du moins comme l'un des monuments les plus intéressants de la littérature de la Renaissance.

DEUXIÈME PÉRIODE OU LA TRADUCTION AU XVIIe SIÈCLE

LE XVIIe siècle, nous offre de la traduction et des traducteurs un tableau quelque peu différent de celui auquel nous venons d'assister.

Nous avons vu les Primitifs défigurer l'antiquité pour nous empêcher de la reconnaître. Nous allons voir les nouveaux traducteurs la défigurer à leur tour sous le prétexte de l'embellir. Ceux-là nous la cachaient sous un vêtement épais et lourd ; ceux-ci jetteront sur elle une sorte de voile destiné à en dissimuler pudiquement les nudités et à en noyer les contours dans un nuage.

C'est qu'une révolution profonde s'est accomplie dans le tempérament littéraire de la nation. Malherbe a détrôné Ronsard et la langue de Montaigne a fait place à la langue de la marquise de Sévigné. La simplicité naïve s'est enfuie ; elle a cédé le pas à l'élégance raffinée et délicate. C'est le decorum qui gouverne toutes choses, et il impose à toutes choses, aux productions de l'esprit comme aux modes du jour, une majesté un peu monotone et un air de grandeur un peu théâtrale.

Aussi l'erreur à peu près générale de cette époque consistera-t-elle à concevoir des auteurs anciens une idée fausse, et à les voir toujours nobles et toujours pompeux, quand ils ne sont que simples et naturels.

Certes, les talents supérieurs ne manqueront pas aux contemporains de Racine et de Molière ; mais l'usage qu'ils feront de ces talents ne sera pas toujours le meilleur. Le plus souvent nous aurons à déplorer cette anomalie d'excellents ouvriers accomplissant une besogne de médiocre qualité. Sans compter les cas assez nombreux où tout sera mauvais, l'ouvrier aussi bien que l'ouvrage.

Ce dernier cas est celui de *l'abbé de Marolles.*

Nul écrivain français n'a laissé un plus grand nombre de traductions, soit du grec, soit du latin ; nul n'en a laissé de pires. On chercherait vainement dans tout ce fatras une page digne d'être conservée ; Soit pour le fond, soit pour la forme, c'est le triomphe de la nullité. On a pu dire du style de Marolles qu'il avait « trouvé le secret d'être barbare à une époque où tout le monde parlait la langue la plus élégante et la plus pure. »

Michel de Marolles n'a jamais écrit qu'un seul ouvrage lisible : ce sont ses Mémoires. La simplicité et même la grâce qui les distinguent, jointes à l'intérêt qu'ils présentent au point de vue de l'histoire littéraire du temps, leur ont permis de venir jusqu'à nous.

Si plat traducteur que fut l'abbé de Villeloin, il trouva pourtant son maître en platitude : ce fut *l'abbé Perrin,* auteur d'une Énéide en vers français.

Rien n'égale la suffisance avec laquelle l'abbé Perrin maltraite les pauvres traducteurs venus au monde avant lui. Il se montre sans pitié pour leur faiblesse et les accable de ses sarcasmes.

Ce qu'il leur reproche le plus vertement, c'est d'avoir manqué des qualités les plus essentielles pour bien traduire. Quand on veut se mêler de franciser Virgile, on doit être de taille à le faire ou se tenir tranquille. Or « aucun de ces gens-là n'avait le moindre caractère d'habile homme ni de poète. » Dès lors, de quoi se mêlaient-ils ?

Sa prétention, à lui, est de rompre en visière à tout ce passé. Offrir pour la première fois au public une version aussi littérale que le permettent les exigences de la poésie, voilà son but. Phrase pour phrase, sens pour sens, voilà son programme.

A entendre ce révolutionnaire proclamer ainsi un nouveau code de l'art de traduire, ne se croirait-on pas en face d'un saint Jean Précurseur de M. Leconte de Lisle ? Nous allons voir de quelle façon le sieur Perrin entend faire autrement et mieux que les autres.

Il se plaint, non à tort, que dans toutes les versions antérieures de l'Énéide, Énée ait été absolument défiguré. Le moment lui semble venu de mettre fin à cette profanation. Or, veut-on savoir en quoi consiste cette réforme qu'il annonce avec tant de fracas ? Elle consiste, non à supprimer le travestissement critiqué, mais à le remplacer par un autre. Au lieu de nous montrer Énée sous la figure d'un barbare (reproche bien peu fondé), le sieur Perrin se félicite d'être « le premier à nous le montrer sous l'habit d'un cavalier français et avec la pompe des plumes et du clinquant (*sic*) » *! ! !*

Une autre préoccupation de cet étonnant traducteur c'est de reproduire en Français, par la combinaison des longues et des brèves, des effets d'harmonie imitative plus ou moins conformes à ceux de l'original. Par exemple, il s'applaudit de la façon heureuse dont il a pu rendre le fameux *procumbit bos* :

« *Et tout tremblant et mort à bas tombe le bœuf.* » *(!)*

Autres spécimens de son talent :

« *Chacun, pour écouter cette narration,*
Fait silence alentour et prête attention.
Le prince Phrygien vers la troupe s'avance,
Et du haut de son lit en ces termes commence. »

(EN. 1. 2).

« Le Dieu croule la tête, et par ce croulement
Branle de bout en bout le rond du firmament. »

(EN. 1. 9).

Par pitié pour le lecteur je ne multiplierai pas les citations. Mais j'ai tenu à justifier mes rigueurs à l'égard de l'abbé Perrin. On voit que le sieur de Marolles lui-même a été vaincu par lui sur le terrain du ridicule.

Et pourtant, chose singulière, chacun de ces deux hommes occupa dans la société du temps une place distinguée. L'abbé de Villeloin fut lié avec tout ce que les lettres et les sciences comptaient alors de personnes ou illustres ou considérables. Dans le dénombrement qu'il fait de ses relations habituelles nous voyons qu'il coudoyait journellement les Arnauld et les Bossuet, les Balzac et les Despréaux, les Scarron et les Ménage, les Patru et les Nicolle. Nous y relevons encore les noms du chancelier Séguier, du duc de Montausier, du duc de Larochefoucauld, du cardinal de Retz, et jusqu'à celui du grand Cardinal lui-même.

Le commerce de tels esprits ne lui a rien enseigné, et il pousse l'aveuglement jusqu'à s'estimer indispensable aux personnes qui veulent entreprendre une traduction. C'est ainsi qu'il reproche paternellement à d'Ablancourt d'avoir, en traduisant Tacite, négligé de se conformer au plan que lui, Marolles, en bon confrère, s'était fait un plaisir de lui communiquer.

Qui le croirait ? Les insipides travaux de l'abbé de Villeloin lui valurent de son vivant une réputation d'habile traducteur. Plusieurs contemporains lui dédient leurs ouvrages. *Pierre Berchon,* entres autres, place sa version des Lettres de Cicéron sous ce haut patronage. Si cette dédicace est autre chose qu'un témoignage de respect à la personne de l'abbé, si elle signifie que le nouveau traducteur a pris pour modèle Michel de Marolles, elle nous donne une assez triste opinion des mérites de Pierre Berchon.

Quant au sieur Perrin, que l'on gratifie à tort du titre d'abbé, il fit quelque figure dans le monde. Il était conseiller du roi en ses conseils, et introducteur des ambassadeurs et princes étrangers auprès du duc d'Orléans. A ces titres il en joignit un autre plus considérable aux yeux de la postérité, celui de fondateur de notre Opéra. Ce fut lui, en effet, qui le premier fit représenter une pièce lyrique sur une scène française. On voit que, tous comptes faits, le sieur Perrin avait du bon. Mais de quoi s'avisait-il en voulant rimer ! Il est vrai que sa manie fut commune à tant d'autres !

Une figure qui nous reposera des deux précédentes, ce sera celle de *du Ryer*. Non que Pierre du Ryer puisse être compté au nombre des excellents traducteurs. Mais il s'est acquis plus d'un titre à notre sympathie. Il fut l'un des plus infatigables travailleurs de son temps. Sa vie se partagea entre le théâtre et la traduction des auteurs grecs et latins.

Auteur dramatique, sinon des plus brillants, au moins des plus féconds, il donna au théâtre dix-huit tragicomédies, dont la plupart obtinrent un succès honorable. Il composa, entre autres, une Esther, qui précède de quarante-cinq années celle de Racine, et une Bérénice, qui précède de vingt-six années les deux Bérénice de Racine et de Corneille.

Ce du Ryer fut un bien curieux personnage. Il est le type de l'homme de lettres besogneux, placé sous la dépendance des libraires, tirant péniblement de son labeur quotidien les ressources les plus aléatoires, les plus modestes. Doué de connaissances fort étendues, d'un mérite réel auquel tout le monde rendait justice, ce pauvre homme vécut pourtant dans un état voisin de l'indigence. Ses travaux, qui lui rapportèrent plus d'honneur que de profit, réussirent à lui ouvrir les portes de l'Académie, non à le tirer de la misère.

Ses travaux sont innombrables. Je citerai son Sulpice Sévère, son Tite-Live, son Polybe, son Sénèque, son Strabon et son Hérodote comme des ouvrages très médiocres ; mais il a laissé une traduction partielle de Cicéron qui ne manque pas de valeur.

Nous nous sommes un peu trop hâtés en attribuant au sieur Perrin la palme de la vantardise. Peut-être le sieur *Jacob,* avocat au Parlement de Paris, le dépasse-t-il encore en outrecuidance. Voici par quelle mirifique profession de foi ce traducteur nous allèche tout d'abord dans la préface de sa Rhétorique de Cicéron :

« Quelque amour, dit-il, que j'aie pour la liberté, j'ai néanmoins pris plaisir à me rendre esclave de mon auteur. »

C'est parler d'or, et nous sommes en droit de tout espérer de la part d'un homme capable d'un si généreux sacrifice. Par malheur, la science de Jacob n'est pas à la hauteur de ses intentions, et le malheureux avocat au Parlement de Paris entend trop mal le latin pour le rendre en français avec exactitude.

Aussi ne serions-nous pas fort éloignés de donner raison à *l'abbé Desfontaines* qui, après avoir lu Jacob, se venge de l'ennui que celui-ci lui a causé en lui adressant cette virulente invective :

« Ce n'est pas assez de dire que cette version fourmille de contre-sens et de bêtises *(sic).* Il n'y a pas une seule ligne qui ne soit absurde ou ridicule. »

Notez que l'abbé Desfontaines fut l'un des plus intelligents critiques et l'un des bons traducteurs du XVIIIe siècle. Son opinion fait autorité.

Une personnalité originale, c'est le *baron Descoutures.*

Le baron Descoutures appartient au groupe peu nombreux, mais toujours sympathique, des traducteurs militaires. Il était officier dans l'armée du roi, et même officier assez mal partagé sous le rapport de la fortune, puisqu'il avait maille à partir avec les huissiers.

Un beau matin, il se trouva placé dans l'humiliante alternative de payer ses dettes ou de voir ses meubles saisis et vendus par autorité de justice. Ni l'une ni l'autre de ces solutions ne lui paraissait acceptable.

Sans se déconcerter, il opère un déménagement complet de la maison qu'il occupe. Une fois les meubles remisés en lieu sûr, il se fait apporter de la couleur rouge, avec un gros pinceau de barbouilleur, et il trace en caractères gigantesques sur le mur de la maison, en guise d'adieu, ce quatrain vengeur :

Créanciers, maudite canaille,
Commissaire, huissiers et recors,
Vous aurez bien le diable au corps
Si vous emportez la muraille !

Tel était le baron Descoutures. Fut-ce pour échapper à l'obsession de ses créanciers qu'il se réfugia dans l'étude et qu'il entreprit de traduire Lucrèce ? Je ne sais. Toujours est-il que sa traduction, assez médiocre, eut la bonne fortune de jouir pendant près d'un siècle de la meilleure renommée, tout comme si elle l'eût méritée davantage. *Bayle,* qui certainement ne l'a pas lue, lui distribue de confiance de grands éloges.

Deux victimes de Boileau nous ont laissé des traductions : l'abbé *Cassagne* et *Cassandre.*

Le premier, qui traduisit Salluste et plusieurs traités de Cicéron, doit son immortalité aux vers suivants du repas ridicule :

Moi, qui ne compte rien, ni le vin, ni la chère,
Si l'on n'est mieux assis à l'aise en un festin
Qu'aux Sermons de Cassagne ou de l'abbé Colin.

Heureux Cassagne, de qui le satirique eût pu dire en se parodiant lui-même :

Eh ! qui saurait sans moi que Cassagne a traduit ?

Le second « été malencontreusement pris à partie par Boileau, qui ne le nomme pas, mais qui le désigne clairement sous le pseudonyme de

Damon, ce grand auteur, dont la Muse fertile
Amusa si longtemps et la Cour et la Ville,
Et qui, n'étant vêtu que de simple bureau,
Passe l'été sans linge et l'hiver sans manteau.

Au lieu de se moquer de Cassandre pour sa pauvreté, Boileau eût mieux fait de le louer pour ses talents. On doit à Cassandre une version très estimable de la Rhétorique d'Aristote. Cet écrivain ne manqua ni de savoir, ni de goût ; mais sa mauvaise chance et peut-être une dignité imprudente le condamnèrent à une misère imméritée. Il faut dire, pour être tout à fait juste envers Boileau, qu'il estima beaucoup Cassandre, et même qu'il l'aida de sa bourse.

Boileau retrouve sa justesse habituelle d'appréciation lorsqu'il qualifie rudement l'abbé *des Réaux* de sec traducteur du français d'Amyot. François Tallemant, qu'il ne faut pas confondre avec son frère Gédéon, l'auteur des historiettes, s'avisa en effet de l'invention la plus étrange. Il corrigea, à sa façon, le style d'Amyot et l'accommoda à la mode du XVIIe siècle, c'est-à-dire qu'il dépouilla systématiquement Amyot des grâces personnelles qui font son principal attrait.

Les versions de *Martignac* ont obtenu au XVIIe siècle beaucoup de succès, et ce succès s'est même maintenu assez longtemps pour que Voltaire ait pu considérer encore Martignac comme un traducteur de mérite. Jamais réputation ne fut plus surfaite que celle-là. Sans doute, si nous comparons le Virgile ou l'Horace de Martignac à ceux de l'abbé de Marolles, nous constaterons un progrès. Mais ce progrès porte uniquement sur le style, qui est meilleur, non sur le fond, qui ne vaut guère mieux. C'est ici le culte de la paraphrase et de la fausse élégance. Du reste, ni vie, ni chaleur, ni grâce, ni mouvement, rien de ce qui est le poète même. Mais une correction perpétuellement monotone et une froideur qui glace.

Brébeuf, lui aussi, a joui longtemps d'une réputation extraordinaire, et cette réputation ne s'est pas soutenue beaucoup mieux que celle de Martignac, bien qu'elle reposât sur des bases un peu plus solides. *Boileau*, que nous invoquons toujours avec profit toutes les fois qu'il s'agit de juger ses contemporains, Boileau considère l'ouvrage de Brébeuf comme un « fatras obscur où brillent çà et là quelques étincelles ». On peut ajouter à ce demi-éloge que Brébeuf exagère jusqu'à une emphase souvent ridicule le caractère déjà passablement déclamatoire du modèle. Malgré ces défauts, la Pharsale de Brébeuf a ce mérite, très rare à cette époque, de donner, en somme, une impression assez juste de la poésie et du style de Lucain. C'est du Lucain vu à l'aide d'un verre grossissant, mais c'est du Lucain ; c'est une Pharsale légèrement caricaturée et chargée, mais c'est une Pharsale.

Au nombre des traducteurs les plus distingués du XVIIe siècle, il ne faut pas oublier *Boinvin cadet*. Sa version des Oiseaux d'Aristophane est un des bons ouvrages que l'on puisse citer avant les traductions modernes.

Tout a été dit sur *Perrot d'Ablancourt* et sur ses Belles infidèles. On sait combien les traductions de Perrot laissent à désirer sous le rapport de l'exactitude. Au XVIIIe siècle, Niceron et Furetières lui décochent les traits les plus sanglants ; mais notre époque se montre moins dure pour lui et le réhabilite jusqu'à un certain point.

« La liberté qu'il se donnait d'ajuster les auteurs à sa mode, lui a — dit Niceron — été d'un grand usage pour sa traduction de Lucien, qu'on peut avec raison appeler le Lucien de d'Ablancourt, puisque ce n'est à proprement parler qu'un ouvrage de sa façon. »

« La version que d'Ablancourt a faite de Lucien — dit à son tour Furetières — est si peu ressemblante à l'original qu'on a eu raison de la considérer comme une espèce d'original nouveau imité de l'ancien. C'est comme un Lucien réformé du XVIIe siècle et qui aurait pris naissance en France, de telle sorte que, si le vrai Lucien de Samothrace revenait au monde, il aurait grand'peine à se reconnaître dans l'ouvrage de d'Ablancourt, qui porte le même titre que le sien. » (Furetières, *Histoire allégorique des troubles du Royaume d'Éloquence.)*

Voilà ce que disent les détracteurs de d'Ablancourt ; écoutons maintenant ses partisans :

« D'Ablancourt — dit Boissonnade — malgré ses infidélités apparentes, infidélités dont il s'excuse dans sa préface, et qui sont devenues proverbiales, d'Ablancourt attrape souvent le tour fin et ingénieux de Lucien. Quand il s'en écarte, c'est tantôt par respect pour le lecteur que choqueraient (il le croit ainsi) bien des crudités par trop helléniques, tantôt parce qu'il renonce à traduire certaines plaisanteries à peu près inintelligibles dans notre langue. » (Boissonnade, critique sous l'Empire.)

« Perrot d'Ablancourt — dit à son tour Egger — ne doit pas au hasard la réputation dont jouirent longtemps ses traductions, notamment son Tacite, si souvent réimprimé. Il sait le latin, et sa plume en français est souvent d'une fermeté remarquable. Ce vieux traducteur peut donner encore plus d'une leçon à ses émules modernes. »

On voit que si d'Ablancourt a été attaqué avec vivacité, il a été défendu avec chaleur.

Placé entre des appréciations si contradictoires, nous essaierons d'établir ici comme la résultante des diverses opinions exprimées à son sujet, et nous jugerons Perrot d'Abrancourt en dehors des engouements et des parti-pris individuels.

Perrot d'Ablancourt fut l'un des érudits les plus distingués du XVIIe siècle. Voilà tout d'abord une vérité dont tout le monde convient. Mais l'usage qu'il fit de cette érudition fut-il aussi bon ou aussi mauvais qu'on l'a prétendu, c'est un point sur lequel il devient difficile de s'entendre.

La fidélité est certainement la qualité dont se pique le moins le savant ami de Patru. Son ambition est bien plus de nous intéresser vivement, soit aux campagnes de César, soit aux crimes de Tibère ou de Néron, que de nous rendre avec exactitude le récit de César ou la peinture de Tacite. Il traite un peu l'art du traducteur comme il traiterait l'art du romancier. Dans sa pensée, une bonne traduction ne doit pas différer sensiblement de Clélie ou de la Princesse de Clèves. Aussi s'efforce-t-il de prêter à Xénophon, à Thucydide, à tous les auteurs qu'il interprète, les habitudes de style et les qualités littéraires de Mme de Scudéry ou de Mme de Lafayette. C'est parce qu'il pousse jusqu'à l'extrême les défauts de son temps que ses traductions sont si étrangement mêlées de bon et de mauvais. Par sa science, qui était réelle et solide, par ses talents d'écrivain, auxquels on n'a jamais refusé d'applaudir, il eût pu devenir l'un des traducteurs les plus parfaits de tous les temps. Si ses ouvrages sont inférieurs à ses mérites, c'est moins sa faute que celle de son époque. Il s'est égaré un peu plus que tous les autres, mais en compagnie de tous les autres. En résumé, il faut le louer plutôt comme écrivain que comme traducteur, et lui pardonner le fond en faveur de la forme.

Les circonstances qui déterminèrent *Amelot de la Houssaye* à traduire Tacite après d'Ablancourt sont assez piquantes. Dans un ouvrage intitulé *La Morale de Tacite,* Amelot avait critiqué vivement la version de Perrot. Frémont d'Ablancourt, neveu de celui-ci, prit le parti de son oncle dans un écrit ayant pour titre : M. d'Ablancourt vengé ou M. Amelot de la Houssaye convaincu de ne pas parler français et d'expliquer mal le latin. Comme conclusion, il défiait Amelot de faire une meilleure traduction que celle qu'il venait de critiquer.

Amelot releva le défi et publia un Tacite de sa façon.

Le Tacite d'Amelot de la Houssaye ne manque pas de mérite, mais ne fait nullement la leçon à celui de d'Ablancourt. Il ne se tient pas beaucoup plus près du texte, et il est plus mal écrit. Voilà toute la différence. Du reste, Amelot de la Houssaye a laissé des versions de l'italien, soit de Sarpi, soit de Machiavel, plus précieuses que celle-là.

Plus d'un personnage considérable du XVIIe siècle s'est exercé à traduire les anciens. Le Pro Milone a été mis en français par *Étienne Pasquier,* et le Contra Verrem par le cardinal du Perron. Enfin, nous avons à enregistrer au nombre des traducteurs de César le jeune *Dieudonné,* qui, ainsi qu'on le sait, n'est autre que *Louis XIV* enfant. L'opuscule dont il est l'auteur et qui, cela va sans dire, sort de l'imprimerie du Roy, est intitulé : « Guerre des Suisses. » C'est le premier livre de la Guerre des Gaules. On devine bien qu'il s'agit tout bonnement d'un devoir d'écolier corrigé par le maître, et auquel la flatterie a ménagé les honneurs de l'impression. De tous les traducteurs de César, on peut dire que celui-là est à la fois le plus inconnu et le plus illustre.

On a prétendu que *Henri IV* lui-même avait essayé de traduire les Commentaires. Ce travail a-t-il réellement été fait ? C'est ce que personne n'a jamais pu établir. C'est dommage. Il eût été piquant de lire César à travers Henri IV. Mais je reviens aux vrais savants.

L'un des plus brillants de cette époque, c'est *Lemaistre de Sacy,* auquel nous devons, entre tant d'autres travaux remarquables, une version partielle de Térence. Nous placerons tout à côté de lui *Maucroix,* l'ami de Lafontaine ; Maucroix a laissé un Platon, un Démosthènes et un Horace partiels. Nous remarquerons, en passant, qu'il est arrivé à Maucroix ce qui est arrivé à plusieurs de ses émules, soit au XVIe, soit au XVIIe siècle : après avoir été longtemps maltraité par la critique, il a retrouvé de nos jours un regain d'estime.

Peintres ou historiens, auteurs dramatiques ou faiseurs de pastorales, la plupart des écrivains du temps ou se délassent ou se fortifient en traduisant les grecs et les latins. On doit à *Malherbe* le trente-troisième livre des Décades ; à *Saint-Réal,* les lettres à Atticus ; à *Thomas Corneille,* les Métamorphoses ; à *Segrais,* l'Énéide et les Géorgiques. Sans oublier le froid, l'insipide, l'incolore *Longe-pierre,* qui éprouve le besoin d'écraser sous sa lourde empreinte les grâces d'Anacréon et celles de Théocrite.

Dans la fameuse querelle des Anciens et des Modernes, querelle qui, comme on s'en souvient, partagea en deux camps ennemis tous les écrivains de l'époque, l'un des plus acharnés batailleurs fut *Lamotte-Houdart*.

Lamotte-Houdart, ennemi juré des Anciens, ne se borna pas à disserter contre eux ; il fit pis encore : il les traduisit lui-même. De tous les arguments dont il s'avisa pour les déprécier, celui-là fut le plus fort.

Comme il ne goûtait que quelques passages d'Homère, il conçut la pensée de conserver ceux-là à l'exclusion des autres. En conséquence, il se livra à un travail de sélection et de coupure et put offrir au public une Iliade absolument neuve, ne comprenant plus que douze chants au lieu de vingt-quatre. Cette prétendue version était rimée. Ajoutons, comme renseignement complémentaire, que cet étrange traducteur d'Homère ne savait pas un mot de grec. C'était pousser un peu loin la fantaisie.

Il est vrai de dire que des hommes de très grand talent donnaient alors les premiers aux littérateurs de deuxième ordre l'exemple de cette aberration. Un prédicateur très célèbre, le *Père Coëffeteau*, dominicain, se fit une très haute réputation en traduisant Florus. Or, cet ouvrage, d'ailleurs remarquable au point de l'élégance du style, est bien plutôt un exercice de rhétoricien qu'une version véritable. Florus n'est là que pour servir de prétexte à des périodes nombreuses et savamment arrondies.

Un fait montrera quel cas les contemporains de Coëffeteau faisaient de son mérite d'écrivain. *Vaugelas* écrivant son Quinte-Curce, qui ne lui coûta pas moins de trente années de travail, prit pour modèle le style de Coëffeteau, car « il l'estimait autant pour la prose que Malherbe pour les vers ». Encore un témoignage curieux de cette manie tant de fois signalée par nous et qui consistait à appliquer indistinctement à tous les auteurs anciens ce que l'on était convenu d'appeler le *beau style*. Vaugelas n'ignorait nullement que le style de Florus et celui de Quinte-Curce ne se ressemblent guère ; mais il trouvait très naturel de faire parler de la même façon en français deux auteurs qui parlent d'une façon si différente eh latin.

On ne s'explique pas comment le nom de *La Valterie* a pu parvenir jusqu'à nous. Peut-être a-t-il dû cette bonne fortune imméritée aux belles gravures de Schoonebeck qui illustrent si magnifiquement son abominable version d'Homère. Cet ouvrage atteint encore un fort bon prix en librairie, car il continue à être recherché par les amateurs... de gravures.

Mais nous voici enfin en présence de l'une des gloires les plus incontestées de la nation des traducteurs, de l'écrivain qui, malgré de graves imperfections, domine tout cet âge par la supériorité de ses talents, je veux parler de *Madame Dacier*.

La vie de cette femme célèbre est trop connue pour que nous la retracions ici. Il suffira de rappeler comment Anne Lefèvre, fille et élève du savant Tanneguy Lefèvre, après avoir conquis, toute jeune encore, les suffrages du monde lettré par des travaux de philologie très distingués, après avoir donné successivement des éditions annotées de Callimaque, de Florus, d'Aurélius Victor, d'Eutrope et de Dyctis de Crète, puis des traductions d'Anacréon et de Sapho, de Plaute et d'Aristophane, mit le sceau à sa réputation en publiant son Iliade et son Odyssée.

Boileau considérait ces deux traductions comme des chefs-d'œuvre. Sans admettre absolument l'opinion de Boileau, on ne peut refuser à Mme Dacier deux qualités qui priment toutes les autres : une profonde intelligence du texte et une admiration sans bornes pour le modèle.

On lui reproche, et non sans raison, l'abus de la périphrase, des anachronismes parfois grossiers et qui surprennent de la part d'une intelligence tellement imbue de l'antiquité ; enfin, des formes et des habitudes de style vraiment trop modernes. De telles imperfections blessent au vif notre goût actuel ; mais elles appartiennent, nous le savons, moins à l'auteur qu'au siècle lui-même. Ni Racine, ni Boileau, malgré leur culte pour les Anciens, n'ont réussi à les voir avec d'autres yeux que ceux de tout le XVIIe siècle. Est-ce que l'Iphigénie du premier, remplie d'ailleurs de tant de beautés, ne mérite pas elle-même une part de ces critiques que l'on adresse aux traductions homériques de Mme Dacier ? Des deux côtés, même oubli ou même dédain de la couleur historique au profit de la couleur conventionnelle. Des deux côtés, même immolation de la rudesse naïve aux exigences de la politesse moderne et du décorum en honneur à Versailles ; des deux côtés, enfin, une préoccupation aussi ingénieuse qu'inopportune de sauvegarder le bon goût, fût-ce aux dépens de la vérité. A ces traits communs il faut reconnaître qu'une étroite parenté lie entre eux l'Achille de Mme Dacier et celui de Racine. Ne nous montrons pas plus sévères pour la savante que nous ne le sommes pour le poète.

Ce qui caractérise particulièrement Mme Dacier, ce qui lui assigne une place à part parmi les traducteurs français, c'est son enthousiasme. Mme Dacier a élevé la traduction à la hauteur d'une religion et le rôle du traducteur à la hauteur d'un apostolat. Elle a donné à l'antiquité sa vie entière ; elle lui a voué toutes les ressources de son intelligence, toutes les affections de son âme. Son style reflète bien cette piété littéraire. Comme elle aime son poète à la passion, sa parole diffuse, mais animée, a parfois cet accent de sincérité qui préserve les écrits de mourir. Mme Dacier applique quelque part à Homère la louange que celui-ci a donnée aux trépieds de Vulcain, d'être comme vivants et de courir tout seuls à l'assemblée des Dieux. Sa diction, à elle, n'a pas cet élan rapide et merveilleux ; mais, en ses meilleures pages, elle porte dans sa démarche et sur son front un grand air d'aisance et de dignité. « Qu'on ne cherche pas dans son style ce respect religieux pour le mot propre qui a succédé chez nous au culte de la périphrase, et qui remplace la fausse élégance des abstractions par la hardiesse brutale de la trivialité. »

L'ombre de Mme Dacier ne nous pardonnerait certainement pas, si nous négligions d'associer à sa mémoire celle de son très savant et très laborieux collaborateur et mari, *André Dacier*. Jamais couple ne fut mieux assorti que celui-là, et Ménage, en qualifiant cette union de mariage du grec et du latin, n'a fait qu'exprimer sous une forme humoristique une vérité touchante.

Ici s'arrête, à proprement parler, l'histoire de la traduction au XVIIe siècle. Mais il y a, à cette époque, de bien plus grands traducteurs que ceux qui font profession de traduire : ce sont les *Corneille* et les *Molière*, les *Boileau* et les *Racine*, les *La Fontaine* et les *Fénelon*. Combien de beaux vers, combien de morceaux charmants ou sublimes, applaudis au théâtre ou admirés dans les livres depuis trois siècles, et qui ne sont pas autre chose que des fragments traduits soit du grec, soit du latin !

Est-ce que Pierre Corneille, empruntant à Sénèque le Philosophe le sujet de Cinna ne lui emprunte pas du même coup les principaux traits auxquels son Auguste doit sa majesté ? Que l'on relise attentivement l'épisode dans Sénèque, et l'on se convaincra que la première scène du deuxième acte de la tragédie française est une véritable traduction du latin, traduction merveilleuse, rendant le texte presque mot pour mot, et qui, même en dehors de son mérite théâtral, peut passer pour un modèle achevé de traduction poétique.

J'en dirai autant d'Horace et de Pompée, dans lesquels de nombreux passages de Tite-Live et de Lucain sont rendus en français avec une fidélité presque littérale.

On a souvent cité comme un chef-d'œuvre en ce genre les vers suivant de Molière, si spirituellement traduits de Lucrèce :

« *L'amour, pour l'ordinaire, est peu fait à ces lois,*
Et l'on voit les amants vanter toujours leur choix... »

(*Le Misanthrope*, acte II, scène v).
(*De naturà rerum*, livre IV, vers 1157 et passim).

Je ne m'arrêterai ni à *l'Avare*, ni à l'*Amphytrion*, dont plusieurs scènes sont plutôt traduites qu'imitées de Plaute ; j'aime mieux rappeler les jolis vers des *Amants magnifiques,* reproduits par Quinault dans *Les fêtes de l'Amour et de Bacchus,* et qui sont, avec l'imitation moderne d'Alfred de Musset, la meilleur interprétation poétique de l'ode « Ad Lydiam. »

PHILINTE

Quand je plaisais à tes yeux,
J'étais content de ma vie
Et ne voyais rois ni dieux
Dont le sort me fit envie.

CLIMÈNE

Lorsque tout autre personne
Me préférait ton ardeur,
J'aurais quitté la couronne
Pour régner dessus ton cœur.

PHILINTE

Un nuire a guéri mon âme
Des feux que j'avais pour toi.

CLIMÈNE

Un autre a vengé ma flamme
Des faiblesses de ta foi.

PHILINTE

Chloris, qu'on vante si fort,
M'aime d'une ardeur fidèle.
Si ses yeux voulaient ma mort,
Je mourrais content pour elle.

CLIMÈNE

Mirtil, si digne d'envie,
Me chérit plus que le jour,
Et moi je perdrais la vie
Pour lui montrer mon amour.

PHILINTE

Mais si d'une douce ardeur
Quelque renaissante trace
Chassait Chloris de mon cœur
Pour te remettre en sa place ?...

CLIMÈNE

Bien qu'avec pleine tendresse
Mirtil puisse me chérir,
Avec toi, je le confesse,
Je voudrais vivre et mourir.

(*Les Amants magnifiques*, acte II, interm. 3, scène VII.)

La Fontaine aurait quelques droits à revendiquer le titre de traducteur de Sénèque, et voici pourquoi. Un de ses parents, le rémois Pintrel, nous a laissé une traduction de Sénèque fort estimée. Or l'un des mérites de cette traduction, c'est d'avoir été revue et corrigée par La Fontaine. Ce fut à elle que La Fontaine emprunta les nombreuses citations de Sénèque dont il émailla ses fables sous la forme de vers spirituels.

Mais quel autre traducteur d'Anacréon oserait disputer la palme à La Fontaine ? Son « Amour mouillé » est un petit chef-d'œuvre qu'il a fait sien à force de se l'assimiler par la grâce du style. Cette page exquise peut être regardée comme le modèle le plus parfait de l'art de traduire en vers.

A quels motifs faut-il attribuer la rareté des versions poétiques au XVIIe siècle ? Quelques personnes, et parmi elles Patin, ont pensé que la crainte d'une comparaison avec l'Art poétique de Boileau avait découragé les traducteurs. Cette explication ne manquerait pas de vraisemblance, s'il s'agissait seulement de l'Épître aux Pisons et des Satires ; mais elle ne s'applique ni aux Odes, ni aux Épodes. Quoi qu'il en soit, ce serait faire injure à Boileau que de le considérer comme un traducteur d'Horace. Boileau imite Horace, mais il le transforme ; Boileau marche côte à côte avec Horace, mais il ne se confond pas avec lui ; Boileau s'inspire d'Horace, il s'en nourrit et s'en pénètre, puis il le sue par tous les pores, mais sans jamais cesser de rester lui-même. Il ne fait donc pas acte de traducteur. Toutefois on pourrait citer, non seulement des vers, mais des passages tout entiers dans lesquels l'identité est parfaite entre l'original et la copie. Dans ce cas Boileau devient réellement un traducteur et le plus admirable de tous.

Combien de fois, dans son habile version de Longin (une vraie, celle-là, et qu'il ne faut pas oublier), ne rencontre-t-il pas l'occasion de versifier, avec la science de facture qui le caractérise, des fragments plus ou moins importants tantôt d'Homère, tantôt d'Eschyle, tantôt d'Euripide, ou d'autres poètes grecs !

Son ode saphique est certainement le spécimen le plus remarquable que l'on puisse citer de son talent comme traducteur.

Heureux qui, près de toi, pour toi seule soupire !...
Qui jouit du bonheur de l'entendre parler !...
Qui te voit quelquefois doucement lui sourire !...
Les dieux dans son bonheur peuvent-ils l'égaler ?

Je sens, de veine en veine, une subtile flamme
Courir par tout mon corps sitôt que je te vois,
Et dans les doux transports où s'égare mon âme,
Je ne saurais trouver de langue ni de voix.

Un nuage confus se répand sur ma vue,
Je n'entends plus, je tombe en de douces langueurs,
Et pâle, sans haleine, interdite, éperdue,
Un frisson me saisit... je tremble... je me meurs.

Les traits les plus forts ou les plus saisissantes peintures de Tacite revivent, nous le savons tous, avec un éclat incomparable dans le Britannicus de Racine. Dans Iphigénie, dans Phèdre, dans Andromaque, nous retrouvons à chaque scène, j'allais dire à chaque tirade, quelque bijou pieusement dérobé à Euripide et à Homère. Il n'est pas jusqu'à la préface d'une de ses tragédies qui ne serve au poète de prétexte pour donner tout à la fois une leçon de grec aux ignorants et une leçon de traduction aux traducteurs.

Il arriva un jour au divin Racine de traduire en se jouant une page de Platon. Il y mit un sentiment de l'antiquité si juste et si profond, si pénétrant et si exquis, que nul ne saurait aller au delà.

Mais celui de tous les écrivains du XVIIe siècle qui entra le plus intimement dans l'esprit des anciens, celui qui en interpréta les grâces avec le plus d'abandon et de charmes, n'est-ce pas *Fénelon ?* Son Télémaque reste, à tout prendre, le reflet le plus poétique et le plus vivant des Homérides. Bien qu'il ait été naturalisé français, il a gardé les signes irrécusables de son origine, et il nous apparaît, aujourd'hui encore, comme l'une des plus heureuses incarnations modernes du génie des vieux Hellènes.

TROISIÈME PÉRIODE OU LA TRADUC-TION AU XVIIIe SIÈCLE

J USQU'ICI, à l'exception de quelques passages tirés de nos grands classiques, et qui ont paru des modèles pour les traducteurs de tous les temps, nous n'avons pas encore rencontré une seule traduction, même parmi les plus estimables, répondant aux deux conditions essentielles de la perfection dans l'art de traduire, l'exactitude littérale et l'exactitude littéraire.

Restituer l'auteur, non seulement dans sa pensée, mais dans son style ; restituer la phrase, non seulement dans sa signification, mais dans sa physionomie, telle est, comme nous l'avons vu plus haut, la double loi qui s'impose aux traducteurs.

Or, nul de ceux dont nous avons eu l'occasion, soit de déplorer l'insuffisance, soit de louer les mérites, ne s'est conformé à cette double loi. Je dirai plus : nul ne paraît l'avoir connue.

Ceux-ci par naïveté, ceux-là par aveuglement, tous plus ou moins traitent l'antiquité comme une étrangère dont la toilette démodée a besoin d'être rajeunie pour ne pas choquer le public.

En un mot, au XVIIe siècle comme au temps des Primitifs, les traducteurs continuent à s'égarer dans une fausse voie. Vainement le talent chez quelques-uns est des plus distingués ; la méthode chez tous est mauvaise.

Il était réservé au XVIIIe siècle de concevoir une idée plus juste du but à atteindre, et même de s'en rapprocher jusqu'à un certain point.

On se tromperait d'ailleurs si l'on s'attendait à relever, même à cette époque de hardiesses, autre chose que des efforts toujours honorables, souvent impuissants, vers cet idéal de vérité qui commence à être entrevu ou deviné. Mais c'est assez pour la gloire des traducteurs de cette époque de s'être séparés nettement du passé et d'avoir formé comme une nouvelle école de traduction de beaucoup supérieure aux précédentes.

Une chose assez singulière, c'est l'extrême pénurie des traducteurs pendant la première moitié de ce siècle, et leur abondance à partir de Il semble que le mouvement intellectuel, dont l'Encyclopédie donne le signal, entraîne dans son tourbillon irrésistible jusqu'à la traduction elle-même.

En tout cas, c'est à partir de cette date que nous voyons s'élever subitement toute cette génération d'écrivains plus ou moins remarquables et plus ou moins célèbres, qui forment comme l'avant-garde de l'armée de nos traducteurs actuels.

Ce n'est pas que le commencement du XVIIIe siècle ne soit capable de nous offrir plus d'un ouvrage de valeur. Au contraire, les travaux de cette époque se recommandent par leurs qualités. *Sunt pauci, sed boni.*

L'abbé Mongault inaugure de la façon la plus honorable cette ère de transition. Sa version des Lettres à Atticus date de l'année 1714, et, malgré son grand âge, n'a rien perdu, ni en réputation, ni en intérêt. Il a suffi à Victor Leclerc de la reviser pour en faire l'un des meilleurs ouvrages qui existent sur Cicéron. Le style de Mongault est d'une élégance abondante et facile, d'une correction impeccable et sans froideur, parfois d'une vivacité spirituelle, qui rappellent très bien les qualités épistolaires caractéristiques de l'original.

On a reproché à cette traduction des contre-sens assez nombreux. Le reproche est fondé. Mais ces fautes sont rachetées ici par des mérites d'un ordre supérieur. L'abbé Mongault, d'ailleurs si visiblement préoccupé d'imiter le style de son auteur, serre pourtant le texte d'aussi près qu'il peut. Toutes les fois qu'il l'entend bien, il le rend d'une façon parfaite. Son travail, pourtant si rapproché de ceux de Mme Dacier et de Martignac, ne sent presque plus le grand règne. On y respire déjà je ne sais quoi de plus vivant et de plus moderne.

A peu près dans le même temps parurent les *Catilinaires* et le *De naturâ Deorum* de l'abbé d'Olivet, ce célèbre jésuite qui compta Voltaire au nombre de ses écoliers. L'ouvrage de l'abbé d'Olivet ne manque pas de valeur, surtout au point de vue de l'exactitude. Victor Leclerc, bon juge en pareille matière, fait cas de ces traductions. Il les proclame « dignes d'estime, bien que dans un rang secondaire ».

Je citerai encore la première version sérieuse de Polybe, par dom Thuilier, bénédictin de la Congrégation de Saint-Maur ; ainsi que l'Horace du Père Sanadou, deux travaux qui sont restés longtemps célèbres et qui méritent encore d'être estimés.

Mais la publication la plus importante de l'époque, comme traduction, c'est le Théâtre du Père Brumoy.

Le Théâtre des Grecs parut en 1730. Il fut un véritable monument élevé à la gloire des anciens par un admirateur passionné de leur génie. Pour la première fois les principaux chefs-d'œuvre d'Eschyle, de Sophocle et d'Euripide se trouvèrent réunis ensemble dans une sorte de Panthéon littéraire. Le mérite de ces diverses traductions est assez inégal, mais la collection Brumoy rendit aux Lettres un immense service, car elle contribua dans une large mesure à répandre chez nous, à cette époque, le goût et la connaissance des chefs-d'œuvre de la scène attique.

L'abbé Prévost nous a laissé une version des Lettres à Atticus. Ce travail, des plus remarquables par le style, a le malheur d'être incorrect. Il est déparé par des contre-sens nombreux, parfois surprenants. Comme pages de littérature, ce sont peut-être les meilleures qui soient sorties de la plume de l'auteur de Manon Lescaut.

Tacite a été souvent traduit au XVIIIe siècle. Avant de rencontrer pour interprètes des Dotteville et des Dureau de la Malle, il avait été défiguré par des Guérin et des La Bletterie. Voltaire qui n'aimait pas les traducteurs en général, se moqua particulièrement de celui-ci. Nous n'aurons pas le mauvais goût de nous inscrire en faux contre cet arrêt.

Ne serait-ce pas à l'adresse de Lefranc de Pompignan qu'il lança cette boutade : « Les traductions augmentent les fautes d'un ouvrage et en gâtent les beautés. »

Lefranc de Pompignan fut un poète dont la pompe élégante, mais toujours factice et théâtrale, ne saurait racheter le défaut habituel d'inspiration. Mais ce médiocre poète est doublé d'un érudit des plus distingués. Peu de lettrés ont entrepris un plus grand nombre de versions ou d'imitations, soit du grec, soit du latin. Outre son Eschyle et ses Géorgiques, qui valent peu, nous avons de lui des versions partielles d'Hésiode, de Pindare, de Lucain et d'Ovide. Nul écrivain de son temps ne connaît mieux que lui les anciens, nul ne les aime davantage. Rare éloge, sinon de l'œuvre, tout au moins de l'ouvrier. Voltaire, qui l'assassina cruellement à coups d'épigrammes, plaça quelquefois mieux sa haine.

Un autre des adversaires de Voltaire, mais qui ne fut pas sa victime, écrivit, lui aussi, une traduction qui n'était pas faite pour imposer silence aux rieurs. Ce fut l'abbé Desfontaines, ce rude jouteur dont les flèches aiguisées causèrent plus d'une cuisante piqûre à l'épiderme de l'auteur de Candide. Je n'entreprendrai pas de réhabiliter ici l'Enéide de l'abbé Desfontaines. Depuis bientôt un siècle et demi, tout le monde s'accorde à la trouver prosaïque et plate ; il y aurait présomption de ma part à ne pas me ranger à l'avis de tout le monde. Mais, de même qu'un comédien sans talent, tel que fut d'Hannetaire, a pu donner aux plus illustres comédiens de son temps des conseils utiles sur leur art, de même l'abbé Desfontaines, qui traduisit mal, a laissé des réflexions fort judicieuses sur l'art de traduire. Son discours sur la traduction, étude qui figure en tête de son Virgile, présente beaucoup d'intérêt. On le lit avec plaisir et avec profit.

J'éprouve quelque scrupule à ranger Rochefort parmi les mauvais traducteurs, car son Homère est l'ouvrage d'un savant homme et il renferme les notes les plus précieuses. Mais ce savant homme fut doublé d'un poète détestable, de sorte que son Iliade et son Odyssée sont d'une lecture rebutante. Plus tard, Rochefort, traduisant Sophocle, eut le bon sens de renoncer à la versification. Aussi ce second travail vaut-il sensiblement mieux que l'autre. Patin lui fait l'honneur de le désigner comme un ouvrage « aujourd'hui trop dédaigné, et dont il n'est ni facile ni sûr d'éviter la trace ».

Un autre savant traduisit également Sophocle dans des conditions presque semblables. Ce fut Louis Dupuy, le directeur du *Journal des Savants*. Chez Louis Dupuy, comme chez Rochefort, l'écrivain reste au-dessous de l'érudit, et les annotations valent mieux que le style. Elles révèlent une étude approfondie et raisonnée, non seulement de la langue, mais des beautés de l'original.

Il faut dire exactement le contraire de Chabanon, qui traduisit les Pythiques de Pindare. Chabanon, à l'inverse des deux traducteurs dont on vient de parler, est plus familier avec le français qu'avec le grec. Sa version, fort inexacte, est assez bien écrite.

Nous touchons au moment où toutes les célébrités du siècle vont tenir à honneur d'inscrire leur nom sur la liste des traducteurs des anciens.

Les uns, comme J.-J. Rousseau, demanderont à Tacite des leçons de style ; les autres, comme d'Alembert, voudront, au contraire, enseigner leur métier aux traducteurs et leur offrir un modèle de traduction parfaite ; d'autres, comme Mirabeau, charmeront les ennuis de leur prison en soupirant amoureusement avec Tibulle ; quelques-uns, enfin, tels que Turgot, se délasseront de la politique en prêtant à Virgile le langage philosophique de la Lettre au Roi.

Nous n'aurons pas la cruauté de reprocher à Marmontel une malencontreuse Pharsale dont il a eu l'honnêteté de se repentir ; à tout péché miséricorde. Mais le cas de d'Alembert mérite moins d'indulgence.

D'Alembert le prend de très haut. Il ne vise à rien moins qu'à poser les vrais principes de l'art de traduire. « Un homme de lettres — dit-il — trouve des difficultés bien faites pour le décourager, quand il tente de traduire un écrivain dont le principal mérite est le goût et le style (il parle de Cicéron). Si le traducteur ne rend pas ce style et ce goût, il n'a rien rendu ; il a anéanti son auteur en croyant le faire revivre. C'est pour cela que Cicéron est si défiguré dans presque toutes les traductions qu'on en a faites. Les femmes qui lisent ces traductions demeurent souvent étonnées de l'admiration que le grand écrivain a obtenue, tant on retrouve peu dans ces froides et mornes copies ce qui fait le prix inestimable du modèle, cette harmonie douce et flexible, cette rondeur et cette mollesse d'expression et de cadence, cette diction toujours noble et facile, élégante et sonore, qui pénètre et remplit l'oreille avec tout le charme d'une musique délicieuse. » (D'Alembert. — Éloge de Sacy.)

On ne pouvait mieux dire. Par malheur, d'Alembert, si habile à signaler les écueils aux autres, ne sait pas du tout les éviter lui-même. Son essai de version de quelques fragments de Tacite et celle de la péroraison du *Pro Milone* sont d'une faiblesse qui contraste piteusement avec le ton doctoral des lignes que l'on vient de lire.

Tout autre est J.-J. Rousseau. Il constate lui-même son échec avec tant de franchise que nous aurions mauvaise grâce à le lui reprocher. L'avertissement qu'il place en tête de son travail ne fait pas moins d'honneur à lui-même qu'à Tacite. C'est l'hommage d'un grand écrivain à la gloire d'un autre, mais c'est aussi un exemple de modestie bien rare offert à tous ceux qui entreprennent de traduire.

« Quand — dit Rousseau — j'eus le malheur de vouloir parler en public, je sentis le besoin d'apprendre à écrire, et j'osai m'essayer sur Tacite. Dans cette vue, entendant médiocrement le latin et souvent n'entendant pas mon auteur, j'ai dû faire bien des contre-sens particuliers sur ses pensées ; mais, si je n'en ai pas fait sur son esprit, j'ai rempli mon but. Car je ne cherchais pas à rendre les phrases de Tacite, mais son style, ni à dire ce qu'il a dit en latin, mais ce qu'il eût dit en français. Ce n'est donc ici qu'un travail d'écolier, j'en conviens, et je ne le donne que pour tel. Ce n'est de plus qu'un simple fragment, un essai, j'en conviens encore. Un si rude jouteur m'a bientôt lassé. Mais ici les essais peuvent être admis en attendant mieux, et avant d'avoir une bonne version complète il faut supporter encore bien des thèmes *(sic)*. C'est une grande entreprise qu'une telle traduction. Quiconque en sent assez la difficulté pour pouvoir la vaincre, persévérera difficilement. Tout homme en état de suivre Tacite est bientôt tenté d'aller seul. »

Après d'Alembert, après l'abbé Desfontaines, après tant d'autres, Laharpe donne l'exemple de cette anomalie qui consiste à goûter très bien les beautés d'un auteur et à très mal les rendre. Ce fin critique a réussi à être l'un des pires traducteurs des anciens. Ce qu'il y a de plaisant, c'est l'inconséquence qui le pousse à traduire Tibulle après avoir déclaré ce poète intraduisible. Était-ce pour prouver par un exemple la vérité de son assertion ? Il ne pouvait produire un argument plus solide que celui-là. Il est vrai que son essai se borne à une seule élégie, à la première, qu'il considére comme la plus parfaite. Quelle distance il y a de sa froide et ennuyeuse correction à la grâce attendrie et mélancolique de Tibulle !

« Pour entendre Catulle et Tibulle — dit Masson de Pezay — il faut connaître un peu l'ivresse du vin de Tokay et les caprices des jolies femmes, ce qu'un émérite de l'Université peut très bien ne pas savoir. Pour saisir l'esprit de Tibulle et le rendre, il faut avoir aimé, ce dont Vaugelas et d'Ablancourt ne se sont avisés de leur vie. »

Ainsi parle l'un des traducteurs de Catulle et de Tibulle, et il ajoute :

« On peut toutefois connaître les jolies femmes et le bon vin, et faire une mauvaise traduction. »

Peut-être Masson de Pezay n'a-t-il pas tout à fait tort lorsqu'il prétend qu'un sage ou un anachorète est mal préparé pour parler ou seulement pour comprendre le langage des passions brûlantes ; mais il a certainement raison lorsqu'il refuse à l'expérience même la plus consommée des choses d'amour le pouvoir de créer à elle seule un excellent traducteur, soit de Catulle, soit de Tibulle.

Si, pour rendre avec éloquence les poètes élégiaques, il suffisait d'avoir beaucoup aimé, quelle traduction l'emporterait au mérite sur celle que Mirabeau composa, à l'âge de vingt-huit ans, dans sa cellule pénitentiaire du château de Vincennes, entre deux Lettres à Sophie. Et pourtant Mirabeau lui-même, malgré ses amours célèbres, est l'un de ceux qui ont roucoulé avec le plus de froideur et de vulgarité les soupirs de Tibulle.

Je ne sais si le marquis de Pezay fut un homme à bonnes fortunes, mais sa version, publiée précisément l'année même où Mirabeau composa la sienne, obtint un très vif succès. Comme exactitude, elle est des plus médiocres, mais quelques qualités de style ont pu produire de l'illusion chez les contemporains. On doit croire, en outre, que la personne du traducteur contribua pour beaucoup au succès de la traduction.

Le marquis de Pezay jouissait d'une grande estime et même d'une certaine popularité. Mousquetaire, professeur de tactique (?) du roi Louis XVI, il comptait des amis partout. Il entretenait une correspondance avec Voltaire, recevait J.-J. Rousseau, collaborait pour le théâtre avec Grétry. Il avait publié des poésies érotiques agréablement tournées. Enfin, après avoir eu longtemps l'oreille du roi, et même — disait-on — contribué à l'élévation de Necker, le marquis de Pezay était tombé en disgrâce et vivait exilé dans ses terres.

Quant à nous qui jugeons à distance le travail du marquis de Pezay, nous lui reprochons tout d'abord un genre d'infidélité qui est le pire de tous, car il dénature la pensée et le sentiment du poète plus profondément que tous les autres ; c'est celui qui consiste à changer le sexe de la personne aimée. Sous la plume grotesquement pudibonde du marquis de

Pezay, Juventius se transforme en Juventia, Aufilenus en Aufilena, et le mensonge, pratiqué avec méthode, renouvelé à chaque page, prête à un Romain du premier siècle avant J.-C. l'air et le ton galant d'un marquis à talon rouge. On ne saurait imaginer plus étrange insulte à la vérité historique et littéraire.

Mais c'est assez nous attarder aux pseudo-traducteurs ; revenons aux traducteurs véritables.

Dotteville, avant de publier son remarquable Tacite, avait déjà publié un très remarquable Salluste. On a relevé dans ce second ouvrage, avec une sévérité peut-être excessive, des laconismes, des familiarités, des négligences de style, que la mort l'empêcha de corriger. Malgré les critiques dont il fut l'objet, il reste comme l'un des meilleurs du temps.

On doit à Lagrange un Lucrèce et un Sénèque. La première de ces deux versions est supérieure à la seconde. Le succès en fut des plus brillants. On remarquera que, avant Lagrange, Lucrèce n'avait jamais été mis en français *in extenso*. C'était, du reste, une opinion généralement admise avant notre époque que le poème de la Nature valait moins par son ensemble que par les épisodes dont il est orné. Aussi beaucoup d'écrivains jugeaient-ils comme une tâche ingrate et stérile de le traduire depuis le commencement jusqu'à la fin. Ils se contentaient le plus souvent d'imiter les pages réputées seules poétiques.

Une circonstance tout à l'honneur de Diderot, c'est que ce fut lui qui inspira à Lagrange l'idée de cette traduction. On sait que Lagrange, en sa qualité de précepteur des enfants du baron d'Holbach, se trouvait en rapport avec les Encyclopédistes. Diderot faisait cas des talents du jeune latiniste, et, de plus, il estimait Lucrèce, dédaigné par Voltaire. Ce fut à son instigation et même sur ses instances réitérées que Lagrange se mit à l'œuvre.

La réputation du Lucrèce de Lagrange se maintint fort longtemps, et on peut dire que, même aujourd'hui, Lagrange mérite d'être compté au nombre des traducteurs les plus sérieux. Il est aussi exact qu'il a pu l'être au temps où il écrivit, et en traduisant l'un des auteurs latins les plus difficiles à traduire.

Sur le même rang que Lagrange nous placerons Lemonnier, le fidèle et élégant interprète de Térence. Son travail, exécuté avec talent, est l'un des plus brillants témoignages de l'érudition intelligente au XVIIIe siècle.

En 1770 paraît pour la première fois un Juvénal vraiment français, celui de Dussaulz, si souvent réimprimé.

On sait que Dussaulz, après avoir servi de secrétaire au duc d'Orléans, fut successivement député à la Convention, puis membre du Conseil des Cinq-Cents.

Sa version de Juvénal reste le plus important de ses titres littéraires.

Beaucoup plus exacte que la plupart des versions antérieures, soit du grec, soit du latin, elle se distingue en même temps par des qualités de style. Dans notre siècle, Pierrot, en la mettant au courant des progrès de la philologie, lui rendit un regain de faveur.

Il est remarquable que la fin du XVIIIe siècle compta toute une pléiade d'Hellénistes plus ou moins célèbres. Les Auger, les Larcher, les Bon-Dacier, les Moutonnet-Clairfons, les Laporte du Theil, les Brottier, les Belin de Ballu, les Lévesque et les Bitaubé sont contemporains les uns des autres et leurs travaux les plus saillants paraissent presque simultanément.

Je ne confondrai pas Poinsinet de Sivry avec les écrivains dont je viens de parler. Il est vrai que Poinsinet, tout en pourvoyant le théâtre de tragédies et de comédies, voire de parodies, traduisit beaucoup. Ses versions de Bion, Moschus, Anacréon et Pline en sont les preuves. Mais, malgré les notes quelquefois utiles, ces ouvrages sont peu estimables.

Quoi qu'il en soit, on ne peut refuser à Poinsinet l'honneur d'avoir le premier donné une version complète d'Aristophane.

Les traductions de Larcher sont plutôt savantes et utiles qu'agréables à lire. La meilleure de toutes, son Hérodote, est d'un érudit, non d'un littérateur. Cet ouvrage a été longtemps l'objet de louanges exagérées ; mais l'oubli dans lequel il est tombé est immérité. Généralement exact, mais mal écrit, il est précieux par la valeur du commentaire et des notes chronologiques et historiques dont il est accompagné.

Les circonstances dans lesquelles Larcher entreprit cet Hérodote sont curieuses.

Un certain abbé Bellanger, auteur de plusieurs traductions fort estimées, venait de mourir en laissant une traduction manuscrite d'Hérodote. Les libraires proposèrent à Larcher de revoir ce travail et de le corriger de manière à le rendre digne d'être publié. Larcher, supposant, d'après la réputation de l'abbé Bellanger, que la traduction en question était, pour le moins, passable, accepta l'offre. Mais il ne tarda pas à s'apercevoir que le travail était extrêmement médiocre. Au lieu de perdre son temps à le remanier, il préféra en faire un autre. Son travail achevé, il le déposa à la Bibliothèque du roi, pour permettre aux savants de comparer les deux manuscrits, celui de l'abbé et le sien, et pour se couvrir d'avance contre toute accusation de plagiat.

« Dans sa préface, Larcher explique assez ingénuement les raisons qui l'ont déterminé à adopter en français la terminaison *ès* pour les noms propres qui se terminent en grec par cette syllabe. « Car — dit-il, — 1° en écrivant Sopho*cle* et non Sophoclè*s*, on peut croire que le mot grec se termine comme Hérodote, qui pourtant ne se dit pas en grec Hérodotè*s* ; 2° Atayntè*s* est le nom d'un général et Atayn*te*, le nom de la femme de Darius. Si on traduit ce nom en français par Ataynte dans les deux cas, il y a confusion. Au contraire, toute confusion est évitée si l'on traduit dans le premier cas Atayntè*s* et dans le second Atayn*te,* conformément au grec. »

On pourrait, à propos d'Atayntès, répondre à Lévesque que le Camil*lus* et la Camil*la* des Latins ont toujours été traduits en français par *Camille,* sans le moindre inconvénient. Mais qu'importe ! Ce qui est très intéressant à constater, c'est que la méthode de Larcher pour traduire les noms propres est tout bonnement renouvelée d'Amyot et des Primitifs. M. Leconte de Lisle s'est borné de nos jours à la reprendre en l'accentuant davantage.

On se souvient des procédés fantaisistes de Perrot d'Ablancourt. Dans son Thucydide, notamment, à force de prolixité, il était parvenu à transformer en bavard l'écrivain le plus concis de la Grèce.

Ce ne fut pas ainsi que le très savant et très modeste Charles Lévesque comprit et pratiqua ses devoirs de traducteur. « J'ai — nous dit-il dans sa préface — fait les les plus grands efforts pour rendre ma version aussi précise que le permettait notre langue. J'ai tâché de ne pas traduire seulement la pensée de l'auteur mais encore sa phrase ; c'est-à-dire de laisser, autant que possible, les différents membres de la phrase, et même les principales expressions, dans l'ordre où il les avait placés ; et j'ai reconnu que ma traduction perdait d'autant moins que j'avais pu atteindre de plus près à la conservation du tour original. »

On voit combien la méthode de Lévesque se rapproche déjà de nos préférences et de nos habitudes. C'est déjà la poursuite, tout au moins la préoccupation constante de l'exactitude littérale. A ce titre Lévesque mérite tous nos respects, car il fut l'un de ceux qui préparèrent le mieux le public à la réforme que d'autres devaient accomplir après lui. Je ne puis résister au plaisir de reproduire ici les réflexions qu'il fait sur les difficultés de traduire. Une telle page, écrite avec autant d'expérience que de candeur, me paraît excellente à lire pour tout le monde.

« Ils ne seront que trop nombreux ceux qui pourront me juger sur les vices et sur les négligences du style. Qu'ils veuillent cependant bien observer que, en interprétant un auteur dont la langue, beaucoup plus riche et bien moins timide que la nôtre, offre à chaque instant des manières de s'exprimer qui lui sont particulières, un traducteur qui veut conserver quelque précision se trouve à chaque pas embarrassé dans sa marche. Il est comprimé dans son premier travail entre les difficultés de sa langue et celles de son original. Quand ensuite il se relit lui-même il a toujours sous les yeux le texte de son auteur. Tantôt par les soins qu'il donne à la fidélité de sa version il est distrait de ceux qu'il devrait donner à son style ; et tantôt, par t'attention qu'il donne à son style, il est distrait de ceux qu'il devrait donner à l'exactitude de sa version. Il se corrige comme écrivain et pèche comme traducteur, et finit, en ces deux qualités, par livrer à l'impression des fautes qu'il n'avait pas commises dans son premier travail. »

J'ai cité ces lignes, non seulement parce qu'elles offrent de l'intérêt par elles-mêmes, mais surtout parce qu'elles font honneur à Lévesque et montrent bien avec quelle conscience il travaillait.

Lévesque a laissé plusieurs travaux dont le plus estimé est son Thucydide. Gomme Lagrange, il fut un protégé de Diderot. Catherine, sur la recommandation du philosophe, l'appela en Russie, où il passa une grande partie de sa vie en qualité de professeur de Belles-Lettres à l'école des Cadets-nobles de Saint-Pétersbourg. A son retour de Russie, on lui donna presque en même temps une chaire au Collège de France et un siège à l'Institut. Il savait le russe et l'ancien slavon, et, d'après les documents originaux qui furent mis à sa disposition pendant son séjour à Saint-Pétersbourg, il écrivit une histoire de Russie qui ne manque pas de valeur.

Un traducteur dont la science profonde et les tendances se rapprochent beaucoup de celles de Lévesque, c'est Auger. Sa version de Démosthène et d'Eschine n'est pas moins remarquable pour la recherche de l'exactitude que le Thucydide de Lévesque. Par malheur, cet ouvrage, excellent comme guide et comme indicateur du sens de la phrase, est tout à fait insuffisant pour en rendre la physionomie et l'allure. Le Démosthène de l'abbé Auger ne ment jamais ; il rapporte scrupuleusement et à la lettre tout ce que l'autre Démosthène a dit. Mais il rapporte d'une autre façon ; voilà son tort. Se représente-t-on le plus puissant des orateurs de l'antiquité s'exprimant dans un langage monotone et languissant ? Ainsi fait le Démosthène de l'abbé Auger. C'est le plus ennuyeux des phraseurs. Ses discours, privés de chaleur et de vie, ressemblent plutôt à des procès-verbaux rédigés avec soin qu'à de véritables discours.

Malgré tout, il faut dire que l'abbé Auger fut l'homme de son temps qui sut le mieux le grec ; et il faut dire encore que sa sécheresse était cent fois préférable à l'antique périphrase.

Je ne sais pas d'ouvrage sur lequel il soit plus difficile de formuler une appréciation exempte d'injustice, que l'Homère de Bitaubé.

Bitaubé a beaucoup de mauvais et il a beaucoup de bon. Et tout d'abord, c'est un étranger qui écrit dans notre langue. Cela se voit trop, je le sais ; mais cela aussi doit nous incliner à l'indulgence. Bitaubé n'est pas très exact, et l'on sent que la littéralité n'est pas du tout son objectif. Son style est souvent impropre, parfois incorrect, presque partout un peu pesant, un peu tudesque. Comment se fait-il que, malgré toutes ces imperfections, Bitaubé soit toujours lu avec quelque plaisir ? Comment se fait-il que sa version, attaquable par tant de côtés, ne soit considérée par personne comme un ouvrage dépourvu de mérite ? C'est que Bitaubé aime Homère avec sincérité ; c'est que ce Prussien, tout lourdaud qu'il est, a sur beaucoup de ses émules une supériorité : il est rempli de son modèle. Cette impression gagne le lecteur et suffit pour prêter à l'ouvrage une franchise d'allures et une grâce que n'ont pas certains autres, d'ailleurs mieux faits.

Un autre Helléniste de talent, tout à fait digne d'être comparé à Larcher et à Auger, ce fut Laporte-Dutheil.

La vie de Laporte-Dutheil offre plus d'un trait de ressemblance avec celle de P.-L. Courier. Comme Courier, Laporte-Dutheil fut officier. Comme Courier, jusque sous sa tente, il cultiva curieusement la philologie, sa science favorite. Comme Courier, il s'adonna spécialement au grec avec une passion extraordinaire.

Laporte-Dutheil devint conservateur de la Bibliothèque royale, et donna avec Rochefort, ce savant si mauvais poète, une nouvelle édition du Théâtre des Grecs du Père Brumoy. Ce fut dans cette collection qu'il publia son Eschyle, version des plus estimables, et qui se distingue principalement par une application souvent heureuse, quelquefois pénible et bizarre, à suivre les allures même les plus étranges du modèle.

Combien de travaux se recommandent encore à cette époque par des mérites, mais n'ont pas laissé de traces bien durables ! Je citerai, par exemple le Xénophon de Bon-Dacier et l'Euripide de Belin de Ballu.

Et pourtant, Bon-Joseph-Dacier, qui appartint tout à à la fois et à l'Académie française et à l'Académie des Inscriptions, fut le plus perpétuel de tous les secrétaires de cette seconde compagnie. En effet, il en exerça les fonctions depuis l'année 1782 jusqu'à sa mort, c'est-à-dire jusqu'en l'année 1833, soit un demi-siècle. On peut dire de son Xénophon qu'il vaut mieux que ceux qui le précèdent et moins que ceux qui le suivent.

Quant à l'Euripide de Belin de Ballu, Dupuy, juge compétent et confrère équitable, le loue publiquement dans son journal. « L'auteur — dit-il — y a mis beaucoup plus de fidélité à la lettre et à l'esprit que n'avaient fait ses devanciers. »

On remarquera, en passant, cette tendance toute nouvelle de la critique scientifique. C'est l'exactitude qui est devenue pour elle le point capital. C'est la fidélité scrupuleuse qui est devenue le critérium pour juger les traductions. Il y a loin de ces exigences sérieuses aux frivolités élégantes du siècle précédent.

Il est vrai que les traducteurs contemporains de Voltaire et de Diderot sont enclins, de leur côté, à un bien gros péché. Il leur est impossible, lorsqu'ils traduisent Platon ou Aristote, de s'isoler complètement des préoccupations philosophiques du XVIIIe siècle, et de ne pas transformer plus ou moins, soit les dialogues de l'un, soit les traités de l'autre, en articles de l'Encyclopédie.

Celui de tous qui cède le plus volontiers à cet entraînement, c'est Le Batteux, fort savant homme, mais traducteur un peu trop singulier.

Le Batteux nous a laissé deux versions : le *Monde* et la *Rhétorique* d'Aristote. Il comprit cette dernière dans un ouvrage qui ne manque pas d'originalité et dans lequel il juxtapose, pour le comparer entre elles, les quatre Poétiques d'Aristote, d'Horace, de Vida et de Boileau.

A vrai dire, Le Batteux, professeur de philosophie grecque et latine au Collège de France, Le Batteux, esprit distingué mais systématique, toujours possédé de la manie de vouloir tout ramener soit dans les lettres, soit dans les arts, à ce qu'il appelle le « Principe unique » ; Le Batteux cherche dans Aristote des arguments pour appuyer ses doctrines personnelles, beaucoup plus qu'il ne le traduit. Si le texte ne lui paraît pas favorable, il n'hésite pas à lui faire dire, non ce qu'Aristote a dit, mais ce qu'Aristote eût dû dire pour être agréable à Le Batteux. Mensonge inconscient, je le veux, mais mensonge réel, et qui fausse avec une aisance incroyable les opinions exprimées par le philosophe grec.

Je voudrais bien ne pas parler de Gin. Mais le moyen de passer sous silence un écrivain qui a laissé non seulement un Homère et un Virgile, mais encore un Pindare et un Démosthène, le tout écrit dans le même style diffus et plat ! Gin est un bœuf qui trace son sillon. Combien il est inférieur au comte Turpin de Crissé, l'un des plus intelligents interprètes des Commentaires !

Turpin de Crissé, qui fut lieutenant-général, passe pour avoir été tacticien de mérite. C'est au point de vue militaire qu'il traduit César. Son but est d'expliquer les opérations stratégiques ou les dispositions de combat du Proconsul. Sa version a pour accompagnement nécessaire des notes historiques, politiques, critiques et surtout techniques, qui en doublent l'intérêt. Plans de batailles, mouvements des armées, sièges des oppida, tout cela revit dans des planches instructives qui sont elles-mêmes comme une seconde version destinée à compléter l'autre. Avant les considérations de Napoléon Ier sur la guerre des Gaules, jamais les récits de César n'avait été l'objet d'une étude aussi approfondie que celle de Turpin de Crissé.

Comment les poètes doivent-ils être traduits ? En prose ou en vers ?

Telle est la grosse question qui, depuis trois siècles, divise les lettrés.

Les uns disent :

Le traducteur en prose dispose de moyens plus faciles, de ressources plus nombreuses pour reproduire le mouvement, les expressions, les figures, les images de l'original. Il a moins de peine à conserver aux mots leur justesse, leur propriété, la place qui leur a été assignée. Il peut, bien plus aisément, bien plus sûrement, rendre au style sa précision, aux formes leur exactitude et leur variété !

Les autres répondent :

Tout cela est vrai ; mais le traducteur en vers a sur son émule en prose un avantage inappréciable, c'est d'employer l'harmonie de sa langue comme l'auteur original a employé l'harmonie de la sienne ; c'est de pénétrer dans l'âme même du lecteur à l'aide de séductions phonétiques et musicales analogues à celles dont l'auteur original s'est servi lui-même. Aussi les effets qu'il obtient sont-ils supérieurs à ceux qu'obtient le traducteur en prose. Il a en outre le mérite de la difficulté vaincue.

De tout temps, les arguments pour et contre ont été produits avec une autorité à peu près égale.

Si nous en croyons l'abbé Desfontaines, « quelque travail qu'ait coûté une traduction en vers, elle n'est jamais exacte, et ne peut pas l'être. Le traducteur en vers ou omet, ou ajoute, nécessairement, et dès lors cesse d'être un traducteur proprement dit. Ce n'est plus qu'un imitateur et qu'un paraphraste. »

Au contraire, le président Bouhier est d'avis que la prose ne saurait représenter qu'imparfaitement les grâces de la poésie. « Les traductions en prose sont moins faites pour le plaisir du lecteur que pour lui faciliter l'intelligence du texte. »

Écoutons maintenant le Père Sanadon. « La traduction des poètes offre — nous dit-il — des difficultés particulières. Des personnes de mérite sont persuadées que les vers ne peuvent être traduits que par des vers. La fidélité essentielle d'un traducteur consiste à bien rendre le caractère et le génie de son auteur, sans omettre aucun mot nécessaire ou important ; enfin, à lui conserver tous ses traits et toutes ses couleurs. Si vous faites une traduction en prose qui satisfasse à toutes ces conditions, votre traduction en prose ne sera-t-elle pas aussi parfaite qu'une traduction en vers ? »

Tels sont les principaux avocats qui ont pris part, au XVIIIe siècle, à ce débat contradictoire. Quoi qu'il en soit, aussi longtemps qu'il y aura chez nous des latinistes doublés de versificateurs habiles, les Virgile, les Horace et les Lucrèce continueront à y faire éclore des Delille, des Tissot et des Pongerville.

On remarquera que le XVIIIe siècle n'a pas produit, en dehors de Delille, beaucoup de traducteurs en vers. Parmi eux, je citerai les deux traducteurs d'Anacréon : Gacon et Lafosse d'Aubigny.

Le premier, surnommé le « poète sans fard », ne manqua pas de mérite comme écrivain de combat. Ce fut un polémiste d'une violence et d'une malignité qui contrastent désagréablement avec les mœurs littéraires du temps, et même avec celles de tous les temps. Après avoir injurié de ses plates diatribes les écrivains les plus célèbres, notamment Boileau et Jean-Baptiste Rousseau, il s'avisa de mettre en vers français les Odes d'Anacréon.

Certes, la version de Gacon est loin d'être un chef-, d'œuvre. Et pourtant ce vaurien littéraire, à qui le cœur manqua plus que l'esprit, l'emporte sur la plupart de ses devanciers. Il affecte une sorte de désinvolture humoristique et légère qui le rapproche quelquefois assez bien de l'original.

Lafosse d'Aubigny était doué d'un tempérament diamétralement opposé à celui de Gacon. L'esprit de polémique lui répugnait à un tel point que, voyant sa tragédie de *Manlius Capitolinus* attaquée injustement par les critiques, malgré son grand succès, il dédaigna de la défendre. Il se borna à dire que les applaudissements du parterre lui suffisaient et qu'ils se chargeaient de répondre pour lui.

Lafosse, qui savait l'italien, et qui était membre d'une académie littéraire de Florence, composa pour cette compagnie un discours demeuré célèbre comme modèle du genre et qui roulait sur cette question : Quels sont les plus beaux yeux, des yeux noirs ou des yeux bleus ?

Cet abstracteur de quintessence se sentit séduit, lui aussi, par les délicatesses de la poésie anacréontique et il publia à son tour une version d'Anacréon en vers.

La première traduction d'Anacréon vraiment remarquable ne parut que longtemps après celle-là, en 1773. Elle est en prose et a pour auteur Moutonnet-Clairfons.

C'est une figure très sympathique que celle de Moutonnet-Clairfons. Il était employé dans l'administration des Postes, et, malgré ses occupations professionnelles, trouvait encore le temps de se livrer avec passion à l'étude du grec. Sa version est aussi exacte que bien écrite. Le style en est simple, aisé, sans prétention, sans embarras ni périphrases, sans épithètes redondantes. C'est un travail des plus estimables et des plus intéressants, surtout pour l'époque.

Le piédestal sur lequel l'abbé Delille fut élevé par ses contemporains n'existe plus pour nous. Depuis longtemps on a ramené la réputation de Delille, et comme poète et comme traducteur, à des proportions plus conformes à la nature de son talent. Nous n'avons pas à apprécier ici le poète. Quant au traducteur, nous nous montrerons d'autant plus sévères à son égard que, pendant plus d'un demi-siècle, il a été entouré d'une sorte d'auréole.

Je ne contesterai à Delille ni sa merveilleuse facilité, ni son élégance impeccable. Encore moins lui contesterai-je sa profonde érudition et son goût si judicieux et si pur. Mais je demanderai si le but qu'il poursuit et qu'il atteint n'est pas, le plus souvent, de nous charmer par l'abondance ingénieuse de sa versification, plutôt que de nous montrer l'auteur comme il est. Qu'on ne s'y trompe pas : Delille accommode Virgile à son style, bien plus qu'il ne s'assimile le style de Virgile. Il se soucie bien moins d'être exact que de nous faire applaudir ses vers coulants et bien frappés. Très estimable, parfois même très remarquable écrivain en vers, mais qui versifie à l'occasion du texte, plutôt qu'il ne traduit le texte, tel est, en réalité, l'abbé Delille. L'apprécier ainsi n'est pas l'amoindrir ; c'est simplement lui assigner sa vraie place dans la littérature, c'est déterminer avec netteté le caractère de son mérite. La renommée de ses *Géorgiques* fut immense ; j'ajouterai, si l'on veut, qu'elle fut légitime. Toutefois elle nous surprend quelque peu par son exagération. Les exigences modernes nous refroidissent un peu pour ce travail, si distingué qu'il nous paraisse. Tout en lui accordant le degré d'estime auquel il a droit, nous lui reprocherons de dissimuler habilement la paraphrase sous le masque de la poésie.

La gloire de Dureau de la Malle a certainement moins vieilli à nos yeux que celle de Delille.

Ce fut en 1790 que parut le Tacite de Dureau de la Malle.

Dureau de la Malle, vainqueur de Laharpe et de Delille dans les tournois universitaires ; Dureau de la Malle, riche, et lié avec toutes les célébrités du monde des sciences et des arts, se trouvait placé dans des conditions exceptionnellement favorables pour se livrer à un travail de longue haleine. Il mit quinze années à composer son Tacite, et, quand celui-ci parut, il était attendu depuis longtemps.

Les agitations de la politique semblaient condamner d'avance toute production littéraire à l'indifférence du public. Il n'en fut rien pour celle-ci. C'est que tous les esprits se piquaient de pénétrer les mystères du gouvernement, comme toutes les mains avaient la prétention d'en toucher les ressorts. Dans de telles dispositions, l'attention se porta avec avidité sur l'écrivain le plus profond de l'antiquité, sur celui qui regrette avec une mélancolie douloureuse la liberté ravie, enfin sur celui qui peint avec des couleurs à la fois si sombres et si savantes les crimes et les hontes des Césars Romains.

Le Tacite de Dureau de la Malle, en dehors même du mérite éclatant de son éxécution, bénéficia de tant de circonstances favorables, et obtint, à son apparition, un succès extraordinaire. Toutes les classes de la société l'accueillirent avec une égale faveur. Les personnes du monde le goûtèrent pour l'agrément qu'il offrait à la lecture ; les juges éclairés le saluèrent comme la première tentative d'un esprit grave pour naturaliser parmi nous les locutions de l'original et pour enrichir notre langue d'expressions ou de formes nouvelles. Tout le monde savant applaudit sans réserves à la hardiesse heureuse d'un traducteur, qui, pour la première fois, luttait corps à corps avec le texte et cherchait à en rendre, non seulement la signification, mais le caractère littéraire, mais le style, j'allais dire la vie et l'âme.

Plus tard, en parlant de Burnouf, nous aurons l'occasion de revenir à Dureau de la Malle et d'analyser ses procédés pour les comparer avec ceux de son émule. Bornons-nous, en ce moment, à constater que le Tacite de Dureau de la Malle, par l'unité de vues avec laquelle il a été conçu, par la vigueur avec laquelle il a été exécuté, par l'ensemble magistral de ses qualités, marque un pas en avant dans l'art de traduire.

QUATRIÈME PÉRIODE OU DE DUREAU DE LA MALLE A BURNOUF

PREMIÈRE PARTIE

RÉPUBLIQUE — DIRECTOIRE — CONSULAT EMPIRE

D UREAU DE LA MALLE ferme logiquement le cycle des grands traducteurs au XVIIIe siècle.

Ouvre-t-il une route nouvelle ? Exerce-t-il une influence considérable sur ceux qui le suivent immédiatement ?

Non.

C'est que chez Dureau de la Malle il y a deux choses à distinguer l'une de l'autre : le talent personnel et la méthode. Le premier est au-dessus de tous les éloges ; la seconde est défectueuse. Elle consiste surtout à remplacer la périphrase par l'équivalence, c'est-à-dire que, au lieu d'amplifier, elle compense. C'est une compromission moins grossière, mais c'est encore une compromission.

Quoi qu'il en soit, l'art de traduire, après s'être élevé si haut avec Dureau de la Malle, retombe lourdement et comme accablé sous l'effort. Rien de plus terne, rien de plus incolore que la plupart des traductions écloses depuis cette époque jusqu'à la Restauration. A part un petit nombre d'exceptions, en tête desquelles nous placerons tout d'abord le *Pline le Jeune* de Guéroult et le *Plutarque* de Ricard, toutes les traductions dont la date de naissance se trouve comprise entre 1790 et 1815 sont marquées à une estampille banale et sortent toutes d'un moule commun. La mode du temps est au poncif, et la littérature du temps reflechit la mode avec une lamentable fidélité.

Le citoyen Julien Louis Geffroy, ci-devant professeur de rhétorique en l'Université de Paris *(sic)* nous en fournira un exemple bien amusant. En tête de sa version de *Théocrite* il place un discours préliminaire sur la poésie pastorale. Voici comment débute cette étude :

« Au moment où la trompette guerrière retentit d'un bout de l'Europe à l'autre, l'humble chalumeau pourra-t-il se faire entendre ? »

Le reste sur le même ton. *Ab uno disce omnes*.

Mais l'un des plus pitoyables traducteurs de tous les régimes et de toutes les écoles, n'est-ce pas le docte Gail ? On ne saurait être ni plus savant, ni plus laborieux, ni meilleur helléniste qu'il ne fut ; surtout, on ne saurait faire preuve de plus de fécondité comme traducteur. Il a laissé un *Homère*, un *Anacréon*, un *Xénophon* et un *Thucydide*. Par malheur, aucun de ces ouvrages ne lui fait beaucoup d'honneur. Gail se préoccupe exclusivement d'entasser notes sur notes, commentaires sur commentaires, gloses sur gloses. Le côté philologique est le seul qui l'intéresse, le seul dont il prenne souci, le seul sur lequel il fixe notre attention. Du reste, ne lui demandez ni la vie, ni le mouvement, ni la physionomie, ni la couleur du style, ni aucun des traits personnels et caractéristiques qui distinguent l'original : ce sont superfluités qu'il néglige parce que leur raison d'être lui échappe.

Avec une telle façon d'envisager les devoirs du traducteur, il semble que Gail ait dû pour le moins s'astreindre à une fidélité exemplaire. Même sous ce rapport, ses traductions sont défectueuses.

Au nombre des ouvrages de Gail il en est un pourtant en faveur duquel je ne puis, je le confesse, me défendre de quelque sympathie, de quelque respect : c'est son *Anacréon*. Pure question de sentiment, comme vous allez voir.

Cette version porte la date de 1793.

C'est-à-dire qu'elle vit le jour en pleine tourmente révolutionnaire.

C'est-à-dire que grâce à elle, grâce au labeur patient dont elle témoigne, le doux hélléniste put traverser avec sérénité ces mois terribles.

Admirable privilège du travail intellectuel ! Pendant que les partis se tuent entre eux soit dans la rue, soit sur les échafauds, le voyez-vous ce sage, courbé sur son grec, comme jadis Archimède sur ses figures de géométrie, au milieu du sac de Syracuse ! Notez le choix du sujet, qui contraste si philosophiquement avec la réalité sanglante du dehors. A ce titre, l'*Anacréon* de Gail vaut quelque chose, car il est une démonstration touchante de cette liberté d'esprit qui reste encore au lettré, comme au savant, même au milieu des convulsions les plus profondes où s'agitent les sociétés humaines.

En l'an V de la République française, la *politique* d'Aristote trouva dans le citoyen Champagne, directeur de l'Institut des boursiers du collège Égalité, un interprète à qui certes le talent ne manqua pas, mais dont la méthode fut bien étrange. Cette traduction est élégante et d'une lecture facile, même agréable. Mais au point de vue de l'exactitude, elle nous reporte aux plus beaux jours de Perrot d'Ablancourt, de fantaisiste mémoire.

Champagne, qui, avec le secours d'un sous-titre explicatif, qualifie bravement la *Politique* d'Aristote de science du gouvernement, prête au philosophe grec une phraséologie qui ne lui appartient pas du tout. Il le fait parler comme Voltaire. Les coupes de phrases vives, saccadées, brillantes, qu'il lui donne, sont autant de démentis au caractère grave, concis et froidement didactique d'Aristote. Champagne pousse l'infidélité beaucoup plus loin. Sans parler de nombreux passages où il ne comprend pas le sens et où il l'interprète faussement, dans un très grand nombre de cas il le change volontairement, soit parce qu'il le juge trop enveloppé, soit parce qu'il veut le rendre plus clair pour le lecteur. Il transporte sans façon des phrases entières d'un lieu dans un autre. Du reste, il avoue très franchement, j'allais dire très cyniquement, toutes ces licences, et il ne paraît pas y attacher beaucoup d'importance. « J'ai — dit-il — été obligé de donner quelques développements à ce morceau trop serré, où les pensées ne sont qu'indiquées dans le texte (t. Ier, p. 392). » C'est le système de l'à peu près poussé jusqu'à ses extrêmes conséquences.

Pour être tout à fait juste envers Champagne il faut reconnaître que son travail ne laissa pas de rendre un très grand service à la science politique, disons mieux, à l'éducation politique des contemporains. A une époque où toutes les études étaient délaissées pour la guerre, Champagne commença à faire connaître chez nous un ouvrage éminent, qui, depuis deux siècles, n'était lu que. par les savants.

L'exemple suivant donnera une idée de la façon vraiment singulière dont on entendait alors les devoirs du traducteur.

En 1803, Millon, professeur de législation et de langues anciennes à l'École centrale du Panthéon, publie une traduction nouvelle d'Aristote. « Le texte — nous dit-il crânement — est ici obscur, je ne l'ai traduit qu'avec l'insouciance qu'on met dans l'explication d'un logographe. » Et il le fait comme il le dit. Il coupe, taille, rogne Aristote, suivant son caprice. En résumé, pour se tirer d'affaire, il ne trouve rien de mieux que de supprimer ce qu'il n'entend pas.

Pour l'honneur du temps, on peut opposer à la légèreté de Millon la conscience de plusieurs autres, et tout d'abord de Tissot, l'un des plus célèbres traducteurs de Virgile.

La vie de Tissot fut assez accidentée. Après avoir occupé la position de secrétaire-rédacteur à la Préfecture de police, il se présenta à la députation, fut nommé, mais, pour son bonheur, invalidé. A la suite de cet échec, il se réfugia dans la littérature et se mit à traduire les *Bucoliques* en vers français. Ce fut dans la première année de ce siècle que parut la traduction de Tissot, et elle obtint, comme on sait, un très brillant succès. Tissot fut nommé, peu de temps après, suppléant de Delille à la chaire de poésie latine du Collège de France, et, à la mort de l'abbé, lui succéda comme titulaire.

On s'est quelquefois étonné que Delille ait négligé de traduire les *Bucoliques*. On s'est demandé pour quel motif, après avoir traduit successivement les *Géorgiques* et l'*Énéide,* il avait en quelque sorte laissé son œuvre inachevée. La publication de Tissot, qui précéda de trois années l'*Énéide* de l'abbé Delille, me paraît être une explication assez vraisemblable de cette singularité. Delille avait été le premier à applaudir l'ouvrage, comme à encourager l'ouvrier. Il avait trop de talent, surtout trop d'esprit, pour ne pas se rendre compte que tout effort nouveau pour traduire les *Bucoliques* immédiatement après Tissot échouerait plus ou moins devant le public. Eût-il fait mieux que son protégé ? On peut en douter, et peut-être Delille en douta lui-même.

Notre goût moderne pour la littéralité, notre répugnance pour le style apprêté, pour l'élégance conventionnelle et factice, nous empêchent de partager à l'égard de Tissot l'enthousiasme des contemporains. On a lu un peu plus haut notre appréciation personnelle sur l'abbé Delille envisagé comme traducteur. Nous ne pensons faire tort ni au maître, ni au disciple, en les plaçant tous deux sur la même ligne.

Un autre continuateur de Delille, c'est Saint-Ange. Ses *Métamorphoses* d'Ovide obtinrent sous l'Empire un succès presque éclatant et ne cessèrent pas d'être en faveur jusqu'en 1830. La vérité est que Saint-Ange, comme la plupart des traducteurs en vers, exécuta des variations sur l'air, au lieu de le jouer. C'est le triomphe de la fantaisie et de la fadeur. Nous sommes ici en plein *Almanach des Muses*.

Une remarque curieuse, c'est que sous l'Empire les versions en prose sont relativement rares ; c'est le vers qui a la vogue. Depuis Tissot jusqu'à Pongerville les traductions dites poétiques se succèdent les unes aux autres avec une rapidité jusque-là inconnue. Ce n'est pas Dureau de la Malle qui a fait école, c'est l'abbé Delille. Aussi ne serons-nous pas surpris de compter Mollevaut au premier rang des triomphateurs de l'époque.

A première vue, on serait tenté de considérer la *Lyre* de Mollevaut (pour parler le langage du temps) comme un écho affaibli de celle de Delille. En comparant avec attention les deux écrivains, on s'aperçoit bien vite de la distance qui les sépare. La pâle et froide correction du premier n'a rien de commun avec l'élégante facilité du second. La facture de Delille, malgré ses défaillances, se distingue toujours par une harmonie soutenue et par une merveilleuse fécondité de ressources ; au contraire, celle de Mollevaut conserve, jusque dans ses meilleurs moments, je ne sais quoi de sec et d'étriqué, qui la rend insupportable. Deux mots suffisent pour la caractériser : c'est la platitude pompeuse.

La moindre des imperfections de ce traducteur est l'inexactitude. On doit reconnaître toutefois que Mollevaut, dès qu'il renonce à rimer et se contente de traduire en simple prose, est plus fidèle et écrit beaucoup mieux.

On se demande, en lisant l'*Anacréon* de Saint-Victor, comment un ouvrage, si vulgaire en somme, a pu arriver à la réputation. Comme exactitude, Saint-Victor est de la force de Mollevaut, et comme versification ou comme style, il ne lui est pas beaucoup supérieur.

Parmi les innombrables versions d'Horace nées à cette époque, il faut distinguer celles de Daru, de de Wailly et de Vanderbourg. Elles ne sont ni égales en mérite, ni conçues dans le même esprit ; mais chacune d'elles offre un spécimen assez complet de l'École qu'elle représente.

Daru écrit purement, non sans finesse ; mais il ne traduit guère. Il s'inspire d'Horace, à la façon dont l'abbé Delille s'inspire de Virgile.

De Wailly est élégant, mais sans couleur. Son Horace est un peu rhétoricien ; il est plus familier avec les cours du lycée Napoléon qu'avec les Jardins de Tibur.

Quant à la version de Vanderbourg, si imparfaite qu'elle est, elle a un grand mérite, c'est de chercher à concilier l'exactitude avec les exigences de la versification. Je ne dis pas que le résultat obtenu soit toujours bien brillant, mais l'intention est excellente. Elle suffit pour élever Vanderbourg au-dessus des traducteurs en vers qui ont écrit soit avant lui, soit de son temps.

« M. Vanderbourg — dit Ragon — s'est appliqué à la reproduction simple et littérale du modèle, et il a craint de l'énerver et de le dénaturer par les équivalents et les périphrases. Les autres sont plus ou moins tombés dans ce défaut. Plusieurs d'entre eux versifient très habilement ; leur strophe a de la pompe et de l'élévation. Mais souvent ils amplifient, ils boursouflent cette poésie d'Horace, riche et brillante, mais en même temps nette et précise, toujours nombreuse et jamais verbeuse, pleine à la fois de sens et d'éclat. »

Cette appréciation est d'une justesse absolue.

L'*Homère* du prince Lebrun est d'un lettré, et même d'un lettré délicat ; mais il parle un style un peu trop franchement moderne. « C'est — dit Ponsard — un vrai Parisien. » Et il ajoute : « Il faut avoir lu l'*Iliade* et l'*Odyssée* du prince Lebrun pour savoir comment on peut accommoder le vieil Homère au goût français. »

L'*Homère* de Dugas-Montbel sent mieux son hellène.

Dugas-Montbel fut un grand ami de Ballanche. Il débuta dans les lettres par un vaudeville humoristique intitulé *La femme en parachute*.

Après quoi il se consacra à des travaux plus graves. Son *Homère* se distingue par la simplicité et la grâce, quelquefois même par la splendeur du style. On peut le regarder comme l'un des plus exacts, surtout comme l'un des plus agréables à lire, genre de supériorité dont on aurait tort de ne pas tenir compte. Peut-être Egger se montre-t-il un peu sévère lorsque, tout en rendant justice à cet ouvrage, il qualifie de « capricieuses » les annotations qui l'accompagnent. Malgré cette critique plus ou moins fondée, et qui n'atteint pas la version elle-même, l'*Homère* de Dugas-Montbel mérite d'être rangé parmi les honorables exceptions dont il a été question au commencement de ce chapitre.

DEUXIÈME PARTIE
LA RESTAURATION

A part un bien petit nombre d'entre eux, nous venons de voir les traducteurs de l'époque impériale, au lieu de marcher sur les traces de Dureau de la Malle, retourner à qui mieux mieux aux plus mauvaises traditions du XVIIe siècle. Nous allons assister maintenant au spectacle plus intéressant d'une génération d'hommes nouveaux, avides de faire autrement que leurs devanciers et travaillant avec une ardeur admirable à se dégager des entraves de la routine. L'heure de l'émancipation approche. Aux Gail et aux Lebrun succéderont bientôt les Gaillard, les Villemain, les Trognon, les Stiévenart et les Burnouf, c'est-à-dire les rénovateurs de la méthode et les vrais fondateurs ne notre école moderne de traduction.

Ce n'est pas que, même avant eux, il n'y avait eu déjà de bons esprits très capables d'indiquer aux mauvais traducteurs qu'ils faisaient fausse route. Par exemple, en 1818, paraît un *Pindare* dû à Tourlet. Il faut entendre avec quelle sévérité décourageante cette version est appréciée par le judicieux Raoul Rochette. Ce qu'il reproche le plus à Tourlet, c'est d'avoir chargé son style d'épithètes oiseuses et de périphrases traînantes. « Car — ajoute-t-il avec beaucoup de sens — si l'on croyait remplacer par des agréments différents ou analogues ceux de la diction originale, on se tromperait encore en y substituant des ornements qui, quoique bons en eux-mêmes, auraient toujours le défaut d'être étrangers au modèle. » N'était-ce pas là un salutaire conseil donné aux traducteurs par la critique scientifique, et dirait-on mieux aujourd'hui ?

Dès ce moment on commence à observer je ne sais quel vague instinct de la révolution qui se prépare. Gros et Thurot, qui traduisent l'un Hérodote, l'autre Aristote, obéissent tous deux à des tendances nouvelles. Au respect qu'ils professent pour la vérité, aux efforts qu'ils font pour y atteindre, on sent qu'ils appartiennent plus à l'école de l'avenir qu'à celle du passé.

Mais celui qui donne vraiment et bruyamment le signal pour marcher en avant, celui qui embouche le clairon pour sonner l'assaut des vieux errements, c'est Paul-Louis Courier. La préface fameuse de son prospectus retentit soudainement comme un cri de guerre. Tout au moins, il affirme et il proclame avec fracas une conception nouvelle de l'art de traduire.

Ce qui frappe le plus ce fin helléniste doublé d'un écrivain de premier ordre, c'est l'uniformité de style avec laquelle les traducteurs de tous les temps n'ont jamais manqué de faire parler les trois grands historiens grecs. La vérité historique, non moins que la vérité littéraire, n'exige-t-elle pas que l'on rende au langage d'Hérodote quelque chose de sa simplicité antique et naïve ; à celui de Thucydide son allure plus laborieuse et plus savante ; à celui de Xénophon, sa merveilleuse élégance. Courier avait raison, et, pour appuyer sa théorie par un exemple, il publie un fragment d'Hérodote traduit à sa façon. Pour se rapprocher le plus possible de ce primitif de l'histoire, il emprunta la langue des primitifs de notre littérature, c'est-à-dire la langue du XVIe siècle. « Car — dit-il — un homme du peuple, un paysan, sachant le grec et le français, y pourra réussir, si la chose est possible. C'est ce qui m'a décidé à entreprendre ceci, où j'emploie, comme on va voir, non la langue courtisanesque (pour me servir de ce mot italien), mais celui des gens avec qui je travaille à nos champs, laquelle se trouve quasi toute dans La Fontaine ; langue plus savante que celle de l'Académie, et beaucoup plus grecque. »

En réalité, Courier nous offre ici, comme dans son *Longus,* un ingénieux, mais un trop laborieux pastiche d'Amyot. Il se fût vraisemblablement épargné cet effort, s'il eût connu la version de Saliat.

Miot ne commença pas à écrire avant la chute de l'Empire. Il appartient donc réellement à la Restauration. Il ne fut ni un littérateur, ni un savant de profession, mais le type du haut fonctionnaire ou de l'homme d'État consacrant à l'étude les loisirs de la retraite. Les deux versions qu'il a laissées d'Hérodote et de Diodore de Sicile ne manquent pas de valeur. Elles se recommandent par l'intelligence du texte et par une très grande conscience d'interprétation.

La *Rhétorique* d'Aristote, par Gros, mérite une mention toute spéciale. On remarquera que ce traité n'avait pas été mis en français depuis Cassandre-Damon, c'est-à-dire depuis environ un siècle et demi.

La publication des deux versions de la *Morale* et de la *Politique* d'Aristote, par Thurot, eut lieu dans des circonstances très particulières et qui méritent de nous arrêter.

C'était l'heure où tous les regards étaient tournés vers la Grèce. L'île de Scio venait d'être ensanglantée par le plus sombre épisode de la guerre moderne.

Quelque temps avant les événements qui amenèrent ce massacre célèbre, les Sciotes s'étaient cotisés entre eux pour constituer un fonds destiné à la publication successive des plus grands écrivains de la Grèce antique. Des sommes assez considérables avaient été réunies dans ce but. Déjà même avaient paru plusieurs chefs-d'œuvre d'Aristote, entre autres les deux traités nommés plus haut.

Après la ruine de la population sciote, on eut l'idée de publier en France, au profit des familles échappées à la mort, la traduction française de ces deux ouvrages, et le travail fut confié à Thurot.

Les versions de Thurot se distinguent par une exactitude très rigoureuse pour l'époque. On peut leur reprocher le défaut d'agrément et la lourdeur du style. Mais ces imperfections littéraires ne diminuent en rien leur intérêt philologique, et il faut savoir gré à Thurot de sa fidélité au fond sans trop lui demander compte de son infidélité à la forme.

Ce fut dans un esprit très différent de celui-là que, peu d'années auparavant, un jeune professeur destiné à devenir un jour l'un des personnages les plus éminents de l'Université, Victor Leclerc, donna au public sa version, d'ailleurs si remarquable, des *Pensées* de Platon sur la religion, la morale et la politique.

Le recueil de Victor Leclerc se compose de dix-sept morceaux groupés entre eux suivant la nature des objets. Le *Timée,* la *République, Gorgias* et les *Lois* en fournissent les principaux éléments.

Cette traduction ne manque ni d'élégance, ni même de grandeur. Mais, si on la rapproche du texte, on s'aperçoit bien vite que la méthode de Victor Leclerc consiste plutôt à reproduire dans leur plénitude la pensée et le caractère de l'original, qu'à s'astreindre avec une rigueur absolue à la littéralité. Le procédé dont se sert Victor Leclerc pour traduire en prose est presque le même que celui dont se servent ou dont abusent les traducteurs en vers. « L'auteur — dit fort justement Letronne — s'attache plus à saisir la pensée de Platon dans son ensemble qu'à la rendre dans ses détails. Il est curieux de constater que souvent il reproduit cette pensée avec une fidélité que l'on n'avait pas soupçonnée tout d'abord, mais que l'on finit par apercevoir en creusant le sens de l'original. »

On voit que, malgré son talent magistral, malgré sa science qui n'a pas cessé de faire autorité, Victor Leclerc, envisagé comme traducteur, reste en retard sur beaucoup de ses contemporains.

En l'année 1823, le monde lettré fut agité par un grand événement. L'un des plus célèbres traités de Cicéron, cette *République,* dont le souvenir seul et quelques lambeaux détachés étaient parvenus jusqu'à nos jours, cette *République,* le plus fortement pensé peut-être de tous ses écrits, fut subitement retrouvée à Rome.

On sait que cette découverte fut due au génie investigateur de l'abbé Mai, bibliothécaire du Vatican. A partir. de ce jour, l'examen attentif des palimpsestes devint pour les philologues une mine inépuisable de recherches et le point de départ d'une suite non interrompue de nouvelles trouvailles.

Le nom de Villemain a été dans cette circonstance associé à celui de l'abbé Mai, car ce fut à Villemain que revient l'honneur de traduire le premier en français la *République.* Il s'acquitta de sa tâche avec un soin pieux, et, il faut le dire, avec un talent incomparable. L'épithète de *vir eloquentissimus* que l'abbé Mai lui décerne en le remerciant, ne paraît pas excessive, si l'on songe que ce travail reste l'un des plus beaux titres littéraires de Villemain. « Mon travail — dit-il avec grâce, — tout imparfait qu'il est, se conservera, protégé par l'heureux hasard d'avoir le premier fait connaître en France cette précieuse et tardive découverte. Et moi, qui ne suis qu'un copiste, j'aurai cependant le même privilège que cet artiste d'Athènes, qui, ayant travaillé à la statue de Minerve, grava son nom dans un coin de l'immortel ouvrage, sous le bouclier de la déesse. »

Par une coïncidence heureuse, pendant que l'abbé Mai et Villemain publiaient, l'un le texte, l'autre la version de la *République,* Victor Leclerc commençait de son côté la publication des œuvres complètes de Cicéron avec traduction française, immense entreprise dans laquelle nous allons voir collaborer ensemble les Burnouf, les Naudet, les Charles de Rémusat et les Gaillard. Victor Leclerc, le brillant maestro de tous ces virtuoses, fournit lui-même à cette version collective un contingent de travaux personnels d'un mérite incontestable.

Ici, je hasarderai quelques réflexions sur les inconvénients que me paraissent offrir, en général, les versions collectives.

Si, pour mettre en français les divers ouvrages d'un même écrivain, vous avez recours, non à un seul traducteur, mais à plusieurs, il résultera infailliblement d'une telle combinaison que l'ouvrage, considéré dans son ensemble, manquera d'unité. Il sera comme une tapisserie formée de morceaux disparates cousus ensemble ; il ne composera pas un tout homogène. Il ressemblera, en somme, non à la traduction des œuvres complètes d'un seul auteur, mais à une série de traductions faites d'après plusieurs auteurs différents.

En effet, le style étant la marque de fabrique de l'écrivain, son cachet personnel, sa chose, deux traducteurs de talent égal, de méthode pareille, différeront toujours l'un de l'autre par un point : le style.

Il est donc mauvais, en principe, que le même artiste ne soit pas appelé à exécuter le portrait tout entier et à lui seul ; que l'un soit chargé de peindre le nez, l'autre la bouche, un troisième les yeux, un quatrième la barbe et les oreilles.

Sous cette réserve, je m'empresse de rendre hommage aux habiles coopérateurs à qui nous devons la première version complète de Cicéron.

Quelques années plus tard, Panckouke donne le premier volume de sa collection des auteurs latins avec traduction en français. Lui aussi s'entoure d'un état-major de jeunes universitaires ardents à l'œuvre et avides de renommée. Je ne dis pas que le succès réponde également à l'effort, et il y aurait, ce me semble, quelques critiques à adresser à la collection Panckouke sur le choix des versions tant anciennes que nouvelles. Mais elle rendit aux lettres un double service : non seulement elle offrit au public un assez grand nombre d'auteurs non encore traduits jusque-là, mais encore elle mit en lumière plus d'un talent distingué, par exemple, Artaud, Trognon et Pierrot. Enfin, on ne saurait sans injustice refuser de reconnaître du mérite à Panckouke lui-même, comme traducteur. Son

Tacite a le défaut de venir au monde ou un peu trop tôt ou un peu trop tard ; il se trouve mal à l'aise entre celui de Dureau de la Malle et celui de Burnouf. Malgré cette infortune... chronologique, il ne laisse pas d'offrir de l'intérêt, surtout au point de vue de l'érudition et à cause de ses notes.

La collection Nisard succède de très près à la collection Panckouke. C'est surtout dans ce recueil que le vice des traductions collectives apparaît dans toute sa gravité. J'admets encore, si l'on veut, que chacun des poèmes d'Horace ait un interprète particulier, que Chevreau, Genin, Auguste Nisard et Coursaud d'Iverneresse traduisent, chacun de leur côté, l'un l'*Épître aux Pisons*, l'autre les *Satires*, celui-ci les *Épîtres*, celui-là les *Odes* et les *Épodes*. Ici, comme dans Cicéron, on pourra arguer du défaut de connexité des ouvrages entre eux, du caractère distinct de leurs physionomies respectives. Mais que dira-t-on d'un *Tite-Live* interprété à la fois par plus de huit traducteurs différents ? Vous représentez-vous ces huit traducteurs découpant *Tite-Live,* et s'en distribuant entre eux les morceaux, ni plus ni moins que s'il s'agissait de la rédaction d'un journal ; puis, leur copie terminée, opérant les rapprochements et les soudures, et disant : « C'est fait ! »

Le *Tite-Live* de Nisard paraît avoir été composé tout exprès pour justifier mes théories particulières sur les versions *variorum,* car il est l'un des ouvrages les plus médiocres de la collection.

J'en dirai à peu près autant de *l'Ovide*. Malgré le talent de ses trois ou quatre traducteurs différents, il est loin d'offrir un ensemble satisfaisant. Au point de vue exclusivement philologique, sans doute il a de la valeur. Beaudement, Charles Nisard, Chevriau, Flentelot, tous ont creusé le texte avec sagacité, tous ont fait preuve d'un grand savoir. Mais ils n'ont pas réussi à donner du modèle une image vivante, ni même agréable. Leur *Ovide* manque de charme. Une personne qui ignorerait le latin et qui se flatterait de faire connaissance avec Ovide à travers les styles juxtaposés de ces quatre littérateurs, éprouverait une profonde déception.

L'une des plus fortes versions de la collection Nisard, c'est le *Salluste* de Damas-Hinard. Cet excellent travail ne pouvait être dépassé que par un chef-d'œuvre, par la version de Moncour. Il faut citer encore, prrmi les meilleurs travaux, le *Suétone* de Beaudement, le *Juvénal* de Coursaud d'Iverneresse et le *Lucain* d'Hauréau. Enfin il faut dire que la version de *l'Orateur* est signée par Gaillard, celle des *Lois* par de Rémusat, et celle des *Devoirs,* ainsi que plusieurs autres, par Burnouf.

Si l'on rapproche de ces diverses publications celle des classiques latins de Lemaire, on sera forcé de reconnaître que, à aucune autre époque de notre histoire, les auteurs anciens n'avaient été étudiés avec une plus prodigieuse activité qu'ils ne le furent à cette minute de notre siècle. Il faut remonter jusqu'aux plus florissantes années de la Renaissance pour assister à une telle exubérance de sève littéraire et scientifique. Tout ce mouvement intellectuel devait aboutir à un ouvrage d'une importance exceptionnelle et qui est comme la résultante de tant d'efforts, je veux parler du *Tacite* de Burnouf.

Le *Tacite* de Burnouf, qui parut en 1827, n'est pas seulement la meilleure version française que l'on connaisse, il est encore l'une des meilleures versions en toute langue.

Pour la première fois, les deux conditions essentielles d'une traduction parfaite se trouvent ici remplies. Pour la première fois, les deux principes distincs, j'allais dire contradictoires, de la fidélité littérale et de la fidélité littéraire, se marient étroitement l'une à l'autre, et leur union reproduit enfin l'original dans la double intégralité de sa physionomie et de sa pensée. Impossible de pousser plus loin le talent de transporter une phrase d'un idiome dans un autre sans l'altérer sensiblement ni dans son allure, ni, ce qui est plus rare, dans sa construction. La copie est parfaite, au point que, si Tacite renaissait au milieu de nous et qu'il lui prît fantaisie de nous redire en français ce qu'il a dit en latin aux Romains du 11e siècle, il ne s'exprimerait pas dans d'autres termes qu'a fait Burnouf.

On a souvent comparé entre eux les deux traducteurs de Tacite, et ce n'est pas pour Dureau de la Malle un médiocre honneur que d'avoir été quelquefois préféré à Burnouf.

Il est certain que pour les personnes du mondé, peu familiarisées avec le latin, ou l'ignorant tout à fait, pour celles qui demandent à une traduction uniquement de leur donner l'idée générale du fond de la narration comme de la tournure d'esprit de l'écrivain, pour celles-là le *Tacite* de Dureau de la Malle paraîtra d'une lecture plus facile et plus agréable. Mais pour les lettrés, pour les professeurs, qui veulent étudier les pensées à demi-voilées et le langage expressif de Tacite, pour tous ceux qui veulent trouver dans un traducteur un moniteur, capable de leur faire observer la signification et la valeur des éléments de chaque phrase, pour tous ceux-là, au contraire, le *Tacite* de Burnouf est préférable.

Supposez un bas-relief antique reproduit successivement par la gravure et par le moulage. Dans le premier cas, l'artiste se sera attaché à marquer vigoureusement l'ensemble et le mouvement des figures ; il aura saisi l'effet et l'aura rendu : vous pourrez posséder du modèle une fort belle image. Dans le second cas, vous en posséderez un duplicata.

Telles sont les deux versions dont nous parlons. Celle de Dureau de la Malle est un magnifique portrait de Tacite ; celle de Burnouf est Tacite lui-même.

CINQUIÈME PÉRIODE ou LES MODERNES

Nous avons remarqué plus haut que Dureau de la Malle, malgré ses talents supérieurs, n'avait pas fait école, et nous avons expliqué ce résultat par l'insuffisance ou par la défectuosité de sa méthode, Burnouf, au contraire, met son profond savoir au service de la méthode la plus rationnelle et la plus parfaite que l'on connaisse. C'est par là qu'il a exercé sur ses contemporains et qu'il continue encore d'exercer jusque sur notre génération actuelle une influence prépondérante et incontestée.

La méthode de Burnouf diffère de celle de Dureau de la Malle en ce qu'elle proscrit d'une façon absolue tout subterfuge littéraire, tout arrangement, toute concession faite à la forme aux dépens du fond.

Sens pour sens, c'est-à-dire le sens entier, mais le sens tout nu ; rien de plus, rien de moins.

Mot pour mot, c'est-à-dire le terme qui correspond, non celui qui se rapproche.

Bref, on peut la résumer dans cette formule : ne pas faire équivalent, mais pareil.

Parmi les contemporains de Burnouf, parmi ceux qui partagent avec lui l'honneur d'avoir décidément régénéré et comme transformé chez nous l'art de traduire, il en est deux dont les noms méritent plus particulièrement d'être associés au sien : Artaud et Stiévenart.

« Artaud — dit Guigniant — sorti de l'École à la fois militante et savante, qui est l'âme de l'Université, Artaud sut mener de front pendant sa longue carrière les fonctions de l'enseignement public et les recherches les plus studieuses, les exercices littéraires où le professeur s'inspire de l'érudit et l'administrateur se complète par l'écrivain. Les longs loisirs que lui fit, comme à tant d'autres de ses condisciples de l'École normale, le gouvernement de la Restauration, devinrent pour lui l'occasion d'une activité variée, qui se partagea librement entre les directions les plus diverses et dans les emplois supérieurs où il fut appelé à partir de la Révolution de 1830. »

Parmi tous ces travaux, ceux auxquels il attachait lui-même le plus d'importance, ce furent ses études sur le théâtre grec. Il avait publié de Sophocle, d'Aristophane, il fit paraître plus tard d'Euripide des copies, perfectionnées d'édition en édition, où le sentiment du génie antique se révélait doublement par la ferme simplicité du style et par la correction sévère du langage. En même temps il y expliquait dans des annotations très savantes les principales difficultés des textes, et, dans des notes préliminaires sur les auteurs et sur les pièces, il montrait que le talent divers des écrivains et les secrets mêmes de l'art ne lui étaient pas moins familiers que les traditions fabuleuses ou les circonstances historiques qui avaient inspiré les chefs-d'œuvre de la comédie ou de la tragédie.

Le succès de ces traductions fut très vif, notamment celui de sa version d'Aristophane.

Stiévenart, qui était appelé à jeter tant d'éclat sur la Faculté des lettres de Dijon, débuta en 1827 par un chef-d'œuvre. Son *Horace* est l'un des travaux les plus complets du genre comme exactitude et comme savoir. Toutefois ce ne fut que longtemps après ce premier travail que la version complète de Démosthène et d'Eschine éleva décidément Stiévenart au premier rang des traducteurs de ce siècle. On ne va pas plus loin que lui dans la poursuite, dans le respect de la vérité. Stiévenart applique à Démosthène et à Eschine les principes dont Burnouf s'est servi pour traduire Tacite. Il ne le cède à Burnouf ni en précision, ni en savoir, ni en conscience, ni peut-être en sagacité. On peut le regarder comme l'*alter ego* du maître ; disons mieux, comme celui de ses émules qui s'est le plus rapproché de lui.

À partir de 1830, on est surpris de voir avec quelle sûreté de goût, avec quel soin minutieux, avec quelle ardente passion pour l'exactitude, sont exécutées la plupart des innombrables traductions qui se succèdent les unes aux autres aux vitrines des éditeurs.

Dans cette armée de travailleurs, qu'anime un même zèle, je ne soutiendrai pas que tous soient de la même force, ni qu'ils méritent tous une égale attention. Mais notre but est de concevoir une idée juste du mouvement général de la traduction depuis Burnouf jusqu'à nos jours, et nous l'atteindrons plus sûrement si, laissant de côté les simples soldats, nous nous bornons à passer en revue les officiers.

Et tout d'abord il convient de partager cet état-major lui-même en deux groupes distincts : celui des poètes, celui des prosateurs.

On remarquera que j'ai dit les poètes, non les écrivains en vers.

C'est que, au XIXe siècle, par un progrès heureux, disparaît en partie de notre littérature le type traditionnel du versificateur quand même, je veux dire du traducteur à qui le ciel a refusé tout génie poétique, mais qui, contrairement à tout bon sens, croit faire acte de poète en rimant péniblement sa prose.

Cette maladie, dont les primitifs eux-mêmes ont subi l'influence, nous en avons subi les progrès à travers les âges. Nous l'avons vue sévir au temps de Voltaire avec une intensité regrettable ; mais surtout nous en avons déploré les funestes effets chez les écrivains du Directoire et chez ceux de l'Empire. Dieu merci ! la race des rimeurs non poètes tend chaque jour à s'éteindre dans notre pays, et, à la satisfaction du public, elle y est remplacée par celle des poètes traducteurs. Aux Mollevaut et aux Saint-Ange de nos pères nous pouvons opposer avec avantage nos Barthélemy et nos Ponsard. Ainsi se trouve réalisé, dans une certaine mesure, ce vœu de Raynouard : « La première condition que j'exige d'un traducteur en vers, c'est qu'il soit poète lui-même. »

Est-ce à dire que les traducteurs en vers appartenant à cette dernière période soient tous des poètes de haut vol, ou même qu'ils soient tous des poètes proprement dits, c'est-à-dire capables de produire des œuvres personnelles et originales ? Assurément non, et ce serait folie de le prétendre. Mais un très grand nombre d'entre eux sont doués d'une imagination vive et d'un sentiment délicat, et, à force de s'identifier avec le génie des grands poètes qu'ils aiment, ils deviennent par assimilation des poètes eux-mêmes.

C'est, par exemple, dans cette catégorie que je rangerai les Puech, les Biart, les Fallex, les Demogeotet les Léon Halévy.

Mais à côté, et au-dessus d'eux, s'élèvent des écrivains déjà en possession de la renommée, habitués à émouvoir le public à l'aide de leurs propres inspirations poétiques. Ceux-là n'hésitent pas à consacrer une part de leur talent à bâtir, sous la forme d'une traduction en vers, un temple à leur idole, que cette idole s'appelle Virgile ou qu'elle s'appelle Homère.

Tel Barthélemy, qui se reposera de la *Némésis* en traduisant l'*Enéide* avec un éclat incomparable ; et tel Ponsard qui, entre deux succès de théâtre, s'efforcera dans ses *Études antiques* de nous restituer quelque chose de la simplicité nue des Homérides.

Dans laquelle de ces deux espèces de traducteurs placerons-nous Pongerville ? C'est un peu embarrassant.

Pongerville, malgré de très réelles qualités littéraires, ne saurait, à aucun titre, être qualifié de poète. D'un bout à l'autre de son travail, il se montre versificateur habile, styliste coulant et facile ; mais c'est tout. Du reste, il est attardé, et plus près du XVIIIe siècle que du nôtre. Quelqu'un a dit de Virgile qu'il était la lune d'Homère. Je dirai volontiers de Pongerville qu'il est la lune de l'abbé Delille... si ce n'était pas abuser trop étrangement de la métaphore que de comparer l'abbé Delille à un soleil.

Le *Lucrèce* de Pongerville ne manque ni d'élégance, ni de charme, ni même d'éclat, mais il manque d'exactitude. Si Pongerville, en le composant, n'a eu d'autre dessein que de donner aux personnes du monde une idée approximative du génie de l'auteur, on peut dire que ce but a été pleinement atteint.

Le *Lucrèce* de Pongerville obtint, à son apparition, un immense succès. Il valut à son auteur autant d'applaudissements et de célébrité que s'il eût été le dernier mot de l'art de traduire. Il ouvrit presque immédiatement à Pongerville les portes de l'Académie. Il faut reconnaître que celui-ci justifia en partie la faveur dont il fut l'objet en publiant ensuite une autre version de Lucrèce, cette fois en prose, et de beaucoup plus fidèle que la première.

Le *Théocrite* de Firmin Didot est conçu et exécuté dans un esprit très différent de celui-là, et bien préférable.

Firmin Didot a le très rare mérite de chercher toujours le vrai, de le poursuivre à tout prix. Sans doute ses vers n'ont ni la fraîcheur balsamique, ni l'harmonieuse souplesse du modèle ; mais le sens s'y trouve partout rendu avec une exactitude à laquelle les traducteurs en vers ne nous ont guère accoutumés jusqu'à lui. Il continue Vanderbourg et il le complète. C'est un Vanderbourg perfectionné, à la fois plus savant et plus habile. Mais ce qu'il faut le plus admirer chez lui, c'est la conscience. Il faut voir de combien de précautions il s'entoure pour rendre son travail aussi achevé que possible. Il l'enrichit de commentaires. Il le grossit d'un recueil de toutes les imitations, tant anciennes que modernes, de Théocrite. Enfin, il a le soin de placer en regard de sa version française une version latine littérale.

Malgré tout cela, nous sommes obligés de reconnaître que le *Théocrite* de Firmin Didot n'est ni bien champêtre ni bien pastoral. Après avoir loué dans ces pages la probité scrupuleuse, on regrette de n'y rencontrer presque nulle part cette grâce abandonnée qui fait le principal attrait de l'original, et qu'André Chénier a si admirablement imitée dans son *Oaristis*.

Parmi les poètes par assimilation dont j'ai parlé tout à l'heure, on se souvient que j'ai nommé Puech. Ce fut en 1836 et 1838 que parurent successivement les *Choéphores* et le *Prométhée* d'Eschyle traduits en vers par J.-J. Puech, professeur au collège Saint-Louis. Ce travail, des plus distingués, a été loué par Patin et par Egger. Celui-ci le propose en exemple à tous les traducteurs en vers. Il est presque littéral, sans rien perdre de la force ni de la beauté du grec. J'ajouterai même que, par instants, le style et le vers de Puech ont vraiment quelque chose de la grandeur sévère de l'antique.

Du reste, à peu d'années d'intervalle, Eschyle tenta l'effort de plusieurs écrivains de talent. Chose curieuse ! Celui des trois tragiques grecs qui offre le plus de difficultés à un traducteur, fut aussi celui qui rencontra chez nous les interprétations les plus nombreuses et les plus brillantes.

Presque en même temps que paraissait l'excellent travail de Puech, Biart, lui aussi, publiait un *Eschyle* en vers. Le meilleur éloge que l'on puisse faire de Biart, c'est de dire qu'il ne souffre pas du voisinage de son émule.

Enfin, à quelque temps de là, Léon Halévy, dans sa *Grèce tragique,* devait offrir au public une troisième image d'Eschyle qui ne le céderait aux précédentes ni pour la sincérité de l'interprétation, ni pour la vivacité du coloris.

Un travail qui affirme d'une façon éclatante, non plus seulement les préférences de la jeune école, mais ses progrès décisifs et son triomphe, même en vers, c'est le *Lucain* de Demogeot.

Le *Lucain* de Demogeot, écrit avec une grande autorité, marque mieux que toutes les versions antérieures la préoccupation dominante de notre époque en matière de traduction. Cette soif de littéralité, à laquelle nous sacrifions volontiers aujourd'hui toutes les autres qualités, Demogeot en est déjà possédé en l'année 1856. Elle lui inspire déjà quelques-unes de ces exagérations, quelques-unes de ces bizarreries que l'on nous reproche si justement aujourd'hui.

Raynouard, sympathique à l'audace, ne veut pourtant pas qu'elle aille jusqu'à la témérité ni jusqu'au paradoxe. Il fait preuve tout à la fois de bienveillance et de sagesse en mêlant quelques réserves aux louanges qu'il décerne à Demogeot.

Un exemple montrera jusqu'à quel point Demogeot pousse l'affectation, disons la coquetterie de l'exactitude littérale.

On se souvient que Lucain, dans la *Pharsale,* substitue au nom de *Pompeius* le surnom de *Magnus,* qu'il emploie seul parce qu'il entre plus commodément dans son vers. Demogeot, qui n'a pas le même motif que Lucain pour faire cette substitution, se garde pourtant bien de traduire en français *Magnus* par *Pompée*. Il laisse l'épithète telle qu'elle, sans la franciser, et il ne s'inquiète pas de l'impression que pourra faire ce *Magnus* sur le lecteur français absolument dérouté. Pour les Romains du temps de Lucain, *Magnus* tout court signifiait clairement *le grand Pompée ;* pour nos yeux français, l'assemblage de ces six lettres ne présente pas du tout la même signification : il nous présente purement et simplement un adjectif qualificatif, rien de plus. Dans ce cas on peut dire que l'excès de fidélité va à l'encontre de son objet, puisqu'il rend plus confuse la pensée de l'auteur au lieu de la rendre plus nette.

Empressons-nous d'ajouter que ces taches légères ne nuisent en rien au mérite exceptionnel du *Lucain* de Demogeot.

La *Grèce tragique* de Léon Halévy, qui obtint, en 1846, un très vif et très légitime succès, est une sorte d'album poétique destiné à offrir au public comme un aperçu général du Théâtre des Grecs. L'auteur y réunit ensemble quatre pièces qu'il emprunte aux trois grands tragiques athéniens. Eschyle fournit le *Prométhée enchaîné,* Sophocle l'*Électre,* et Euripide, mieux partagé, à la fois les *Phéniciennes* et *Hippolyte*.

Le style de Léon Halévy est souple et ferme. Il ne sent nullement le rhéteur. Les pensées et les images des originaux sont rendues avec vivacité, sans emphase. Comme lecture c'est facile et agréable. Mais comme version proprement dite et au point de vue de l'exactitude rigoureuse, c'est moins heureux. Très moderne par les qualités littéraires, Léon Halévy ne l'est pas du tout par la méthode. Pour mieux dire, il imite avec plus de talent que la plupart des autres imitateurs, mais il se borne à imiter.

Ce sera tout à fait à la tête de nos poètes traducteurs que nous placerons Barthélemy.

Tout a été dit sur ce talent plein de verve et d'originalité, pétri tout ensemble de force et de grâce, et qui, par un prodige renouvelé d'Aristophane, sut élever la discussion des intérêts politiques du jour à la hauteur d'une conception poétique.

Par quelle étrange anomalie ce satirique, pressé du démon de faire parler un poète latin en vers français, porta-t-il son choix justement sur le doux Virgile, au lieu de le fixer sur l'ardent Juvénal ? Fut-ce coquetterie d'écrivain, et voulut-il nous donner par là une nouvelle preuve de la souplesse de son style ? Ce qui est certain, c'est que son *Enéide* restera comme son meilleur ouvrage. « Il se recommande par une singulière fermeté de style, et par un merveilleux coloris d'expression. Quant à l'harmonie des vers, à l'ampleur des rimes, on sait que sous ces rapports-là Barthélemy n'a pas son maître, si ce n'est Victor Hugo. »

Ainsi parle Jules Lacroix, un autre vrai poète, appréciant avec autorité l'ouvrage de son confrère.

On doit à Jules Lacroix des travaux nombreux et distingués. Avant de publier son *Horace,* il avait déjà débuté par donner de Juvénal et de Perse la plus remarquable interprétation poétique qui existe dans notre langue. On peut dire de Jules Lacroix qu'il s'est incarné dans Juvénal et dans Perse, tant sa facture savante rivalise partout d'âpreté et de véhémence avec la verve hyperbolique du premier comme avec l'énergique concision du second.

Plus récemment, nous avons dû à Jules Lacroix la jouissance délicate et inespérée d'applaudir, après deux mille cinq cents ans, au Théâtre-Français, l'*Œdipe-Roi,* du vieux Sophocle, avec plus d'enthousiasme que firent les Athéniens du vivant de l'auteur. On sait que de toutes les tragédies données par Sophocle, ce fut son chef-d'œuvre, *Œdipe-Roi,* qui obtint le moins de succès.

Un poète tragique, un très mâle esprit, quelque peu arrière-cousin du grand Corneille (je dis à la mode de Bretagne), Ponsard, se trouva improvisé, malgré lui, chef d'école. On l'opposa aux romantiques. Il dut cette situation, qu'il ne cherchait pas, à des qualités très personnelles, et que notre génération actuelle a peut-être l'ingratitude d'oublier trop vite.

Il est arrivé à Ponsard ce qui arrivera toujours aux indépendants : son talent a été tour à tour exalté, puis dénigré sans mesure.

Au moment où Rachel créa *Lucrèce,* on était las des incohérences tapageuses. Ponsard se trouva l'homme du moment. La nudité hautaine de son style contrasta d'une façon opportune avec les métaphores et le clinquant dont on ressassait le public. On salua le nouveau venu comme le retrouveur des traditions perdues, comme le restaurateur de la tragédie classique. Ce rôle n'était pas celui qu'il ambitionnait, ou plutôt Ponsard n'ambitionnait aucun rôle. Ponsard, en écrivant autrement que les romantiques, ne prétendit pas du tout leur faire la leçon, encore moins se poser vis-à-vis d'eux en réformateur. Il obéit simplement à son penchant, qui lui fit préférer le fond à la forme et qui le rendit moins sensible aux mirages de l'imagination qu'aux sévérités de la pensée pure. Aussi retrouvons-nous dans Ponsard quelques-uns des traits qui appartiennent à des poètes plus puissants que lui. Telle tirade de *l'Honneur et l'Argent* nous reporte, malgré nous, au *Misanthrope,* et la belle scène de *Charlotte Corday,* dans laquelle Danton, Marat et Robespierre confèrent ensemble, est écrite avec une vigueur qui rappelle *Cinna.*

C'est que, à l'instar des grands écrivains du XVIIe siècle, Ponsard est surtout amoureux de l'antiquité. C'est au milieu des anciens qu'il vit le plus volontiers, c'est à eux qu'il demande le plus de conseils. Il acquiert dans leur commerce assidu cette sobriété et cette fermeté de langage qui lui assurent, à elles seules, une indéniable originalité parmi les écrivains de notre époque.

Son culte pour Homère lui inspira la pensée d'imiter les principales scènes de *l'Odyssée* et de les présenter au théâtre sous la forme d'une composition dramatique. On sait que la tentative fut malheureuse et que le *porc-épic* ne réussit pas à intéresser le parterre. Mais cet insuccès n'ôtait rien au mérite de l'imitation elle-même. L'erreur de Ponsard avait consisté uniquement à confondre les conditions du théâtre avec celles de la lecture. Son *Ulysse,* accueilli froidement par les habitués du Théâtre-Français, fut vengé de son infortune par l'estime des lettrés. Ponsard le réunit à une suite d'autres scènes intitulées « Homère », et il donna à l'ensemble de ces travaux le titre commun d'*Études antiques.*

Le but que se propose Ponsard dans ses *Études antiques* est de nous montrer Homère dans sa simplicité nue. Cette expression, qui appartient à l'auteur, caractérise très bien l'esprit dans lequel l'ouvrage a été conçu. Elle détermine nettement ce que Ponsard aime surtout dans son modèle, et ce qu'il met le plus de soin à en faire revivre.

On ne saurait pousser l'amour de la vérité, j'entends de la vérité littéraire, plus loin que fait ici Ponsard. Son *Homère,* dans ses meilleures pages, est quelque chose de plus et de mieux qu'une traduction ; il est comme l'évocation, comme la vision même du génie des Homérides.

Deux reproches pourraient être adressés à Ponsard. Le premier, c'est de confondre quelquefois le naturel avec le trivial ; le second, de laisser échapper de sa plume des vers d'une platitude rebutante et qui n'a rien d'hellénique.

Sous la réserve de ces observations, il faut saluer le travail de Ponsard comme l'un des efforts les plus sérieux, les plus consciencieux et les plus hardis qui aient été tentés pour reproduire la physionomie des poèmes homériques sans les défigurer.

Mais les *Études antiques,* d'ailleurs si estimables par elles-mêmes, ont encore un autre mérite : elles sont comme la profession de foi des poètes de notre temps en matière de traduction. Ce sont elles qui ont donné à Ponsard le droit de pouvoir plus tard, dans son discours de réception à l'Académie française, proclamer le nouveau Code de lois littéraire, et prononcer, à propos d'une traduction, les paroles suivantes qui s'appliquent à l'art de traduire en général.

« Le système dans lequel cette traduction est conçue n'est pas le nôtre. Nous demandons une fidélité presque littérale, qui rende la concision par la concision, l'abondance par l'abondance, et ne recule pas devant les hardiesses, les vulgarités et même les fautes de l'original.

Chaque production a son parfum particulier, et c'est ce parfum qu'il s'agit d'extraire et de transvaser. il s'exhale de tout l'ensemble, des parties les plus grossières comme les plus délicates ; et, si vous faites un choix entre ces éléments, ou si vous substituez une abstraction à une image ou une image à une autre, si vous mettez l'esprit à la place de la rudesse, ou seulement l'élégance à la place de la simplicité toute nue, vous n'avez pas traduit l'auteur, vous l'avez défiguré. »

On ne pouvait exprimer, ni avec plus de clarté, ni avec plus de franchise, les sentiments actuels du public relativement à l'art de traduire.

Ainsi donc, la cause est entendue, et la littéralité a gagné son procès, même devant le tribunal de l'Académie française. Désormais elle sera le mot d'ordre de tous les traducteurs, fussent-ils des poètes. Cela est si vrai que nous verrons bientôt un autre poète renoncer au bénéfice de toute sa science et de toute son habileté de poète, et se condamner à la prose, dans le but d'être plus sûrement littéral.

Peut-être aurions-nous le droit d'arrêter ici l'histoire. de la traduction poétique au XIXe siècle. En effet, à partir du moment où nous sommes parvenus, toutes les productions de ce genre sont inspirées du même sentiment et obéissent à la même doctrine littéraire. Elles ne diffèrent les unes des autres que par les qualités personnelles de leurs auteurs.

Et pourtant, comment passer sous silence les noms de plusieurs récents jouteurs, tels que MM. Paul Mesnard, de Belloy et André Lefèvre ? On doit au premier, au jugement de Patin, la meilleure interprétation poétique française de la Trilogie d'Eschyle *(Agamemnon — Choéphores — Euménides)* ; et au second, un *Térence* qui s'exprime en français avec une grâce et une facilité des plus remarquables. Quant à M. André Lefèvre, il faut applaudir en lui le rival heureux de Pongerville.

Il appartenait à un poète qui se double d'un philosophe, tout au moins à un écrivain en vers qui se double d'un historien de la philosophie, de venger *Lucrèce* des infidélités parfois outrageantes de son paraphraste. En entreprenant cette tâche, M. André Lefèvre satisfait à la fois son goût de fin lettré et sa dévotion bien affirmée pour les théories d'Épicure. Au point de vue de l'exactitude, le *Lucrèce* de Pongerville ne supporte pas la comparaison avec celui de M. André Lefèvre. Celui-ci s'élève au-dessus de son devancier autant que le cyprès s'élève au-dessus des viornes, pour parler comme Virgile.

Au point de vue du style, peut-être le *Lucrèce* de M. André Lefèvre donnerait-il un peu plus de prise à la critique. Et tout d'abord on doit reconnaître que le style de M. André Lefèvre, habituellement concis et ferme, est quelquefois lourd et malaisé. L'effort y reste trop apparent. C'est un ouvrage *qui sent l'huile,* comme disaient les Athéniens.

Ces critiques paraîtront légères en regard de tant de précieuses qualités qui appartiennent en propre à M. André Lefèvre et qui caractérisent son beau talent, fait principalement de conscience et de gravité. Écrit d'une plume un peu plus facile et un peu plus vive, le *Lucrèce* de M. André Lefèvre eût pu devenir le chef-d'œuvre de nos versions en vers. Tel qu'il est, il inspire aux lettrés quelques regrets mêlés à beaucoup d'estime.

Si les tendances de l'esprit moderne purent modifier à ce point les habitudes de nos traducteurs en vers, à plus forte raison cette influence dut-elle s'exercer sur nos traducteurs en prose. La méthode de Burnouf devint pour ceux-ci un admirable instrument qui leur permit de satisfaire avec plus de sûreté aux nouvelles exigences du public. Ajoutez à cela les immenses progrès de la philologie, les travaux de Dübner, de Boissonnade, de Hase, de Dindorff, de Fix et de de Sinner, pour ne nommer que ceux-là, qui vinrent compléter ou corriger les textes. Ce fut dans ces conditions de supériorité relative que travaillèrent nos traducteurs contemporains, surtout à partir de la seconde moitié de ce siècle.

Mais si, d'un côté, ces diverses améliorations les mirent à même d'obtenir des résultats plus parfaits, d'un autre côté, l'obligation de se rapprocher de plus en plus de la vérité augmenta chaque jour la difficulté de leur tâche. Plus le traducteur se trouva condamné à restreindre le champ de la fantaisie, et plus son travail exigea d'érudition et de sagacité. Aussi, à mesure que l'art de traduire représentera une plus grande somme de connaissances techniques et d'efforts sérieux, verrons-nous diminuer le nombre des traducteurs *hommes du monde* et augmenter celui des *traducteurs universitaires*. A part deux ou trois exceptions, toutes les traductions remarquables de cette période-ci sont dues à des professeurs soit de nos lycées, soit de nos Facultés.

Mais avant d'examiner cette dernière série de travailleurs, véritable lignée de Burnouf, il nous faut jeter un coup d'œil sur quelques ouvriers et sur quelques ouvrages d'une date plus récente et qui ont suivi immédiatement le grand mouvement littéraire de 1830.

L'un des ouvrages les plus intéressants de cette époque fut le *Thucydide* d'Ambroise-Firmin Didot. Il remonte à l'année 1833. Il se distingue par une lutte attentive et souvent heureuse contre les difficultés du texte, qu'il serre de très près.

Par une innovation hardie, Ambroise-Firmin Didot laisse aux noms propres leur physionomie antique aussi souvent que cela lui paraît possible. Sans heurter trop violemment les traditions invétérées, il proteste courageusement contre la routine. Il attache tant d'importance à cette réforme que dans la seconde édition de son *Thucydide* il expose les principes qui l'ont guidé dans la transcription des noms propres ; il écrit une sorte de traité sur la manière de traduire en français les désinences des noms grecs d'hommes, de villes et de peuples.

Quelques années plus tard parut un travail vraiment fait pour piquer la curiosité. C'était une nouvelle version de la rhétorique d'Aristote due à un professeur de rhétorique et de philosophie de Macédoine. Aristote mis en français par un compatriote ! L'attrait était nouveau.

Minoïde Minas se trouvait, pour faire son travail, placé dans des conditions si favorables que personne ne doutait de l'excellence du résultat. Non seulement il possédait le grec moderne, sa langue maternelle, mais il écrivait d'une façon très distinguée le grec ancien. Il avait un autre avantage, celui d'avoir vécu dans le pays d'Aristote, d'avoir enseigné la rhétorique d'Aristote sur les lieux mêmes où ce philosophe l'avait enseignée à Alexandre.

Comment ce lutteur si bien armé ne sort-il pas vainqueur de la lutte ?

La raison de son infériorité est bien simple. Minoïde Minas est presque aussi faible en français qu'il est fort en grec. De telle sorte qu'il comprend très bien son auteur et qu'il le rend fort mal. Sa version est pleine de fautes de français.

C'est encore à cette époque que nous pouvons rapporter les travaux si estimables de Pierron. Mais tout s'efface un peu alors devant les deux grands monuments élevés successivement et à peu d'intervalle l'un de l'autre, l'un par Victor Cousin, l'autre par Barthélemy Saint-Hilaire.

Ayant le *Platon* de Victor Cousin, les deux versions de Thurot et de Victor Leclerc étaient les seuls travaux vraiment scientifiques qui eussent été publiés sur Platon.

« Si MM. Thurot et Leclerc, qui se sont distingués si honorablement sur quelques parties de Platon, eussent entrepris une traduction complète de tous ses dialogues, nous nous serions félicité de n'avoir pas nous-même à y songer. »

Ainsi parle Victor Cousin. Puis, avec une modestie, que son rare talent d'écrivain rend, ce semble, excessive, il s'excuse de ne pouvoir pas réussir à faire passer dans son style ces perfections de l'auteur grec, « ces grâces qui pénètrent les moindres détails, et qui font de Platon l'Homère de la philosophie. » Ce qu'il se charge de reproduire de Platon, c'est le philosophe, non l'écrivain.

Nous ne saurions admettre ni les scrupules, ni les réserves de Victor Cousin. Au contraire, nous sommes d'avis que la plus brillante qualité de sa version est précisément celle-là dont l'auteur se défend dans sa préface et qu'il se dénie avec un peu de coquetterie. A dire vrai, nul autre traducteur de Platon n'avait, avant celui-ci, marié plus étroitement ensemble l'exactitude de la version et le charme de la lecture.

Le disciple s'est tellement imprégné de l'esprit du maître, que les idées de celui-ci semblent apparaître à celui-là comme dans une vision nette et lumineuse. A force d'admirer Platon, le traducteur s'élève jusqu'à lui comme jusqu'à un divin idéal. Il fait plus. Il se l'assimile sans effort apparent. Comme par magie, il rencontre sous sa plume les expressions correspondantes les plus naturelles, les plus définitives. C'est, pour ainsi dire, l'intelligence même de Platon qui devient sienne ; c'est l'âme de

Platon qui se découvre à lui et dont il nous rend l'image. Bref, l'impression générale qui se dégage de cette lecture, c'est que, dans beaucoup d'endroits, le traducteur s'est rapproché de cette simplicité sublime qui est l'essence même du génie de Platon [1].

On ne peut comparer au travail de Victor Cousin que celui de Barthélemy Saint-Hilaire. L'Aristote de l'un est le digne pendant du Platon de l'autre.

Enfin nous entrons dans une époque où la traduction française, après avoir définitivement triomphé des obstacles qui entravaient sa marche en avant, ressemble à ces beaux arbres de nos jardins parvenus à leur entier développement et donnant en abondance leurs meilleurs fruits.

Jamais, avant nos jours, les auteurs anciens n'avaient été interprétés ni avec plus de savoir, ni avec plus de goût. Ce n'est pas que les talents supérieurs soient plus nombreux aujourd'hui qu'ils ne l'ont été à d'autres époques ; mais le nombre des talents sérieux et estimables s'est accru dans une proportion singulière. Le niveau moyen du mérite des ouvrages s'est considérablement élevé. Jusqu'ici nous avons eu toujours à constater, non sans amertume, combien les bonnes traductions étaient rares. C'est presque le contraire aujourd'hui. Les médiocres sont en minorité. C'est, d'une part, que l'exactitude et la littéralité sont devenues comme le drapeau de tous ceux qui font profession de traduire ; et, d'autre part, que notre génération contemporaine possède, à un plus haut degré que les précédentes, le sens du passé.

Il est bien peu d'auteurs anciens qui n'aient trouvé de nos jours une interprétation ou satisfaisante ou tout à fait bonne. Par exemple, il suffira de nommer Moncour pour éveiller tout de suite dans l'esprit du lecteur le souvenir du *Salluste* le plus parfait que nous possédions, sans excepter celui de Dureau de la Malle lui-même. Bouchot, très bon helléniste, très consciencieux traducteur, élabore un peu péniblement, mais avec beaucoup d'autorité, un *Polybe* qui détrône celui de dom Thuilier.

Egger, si redouté comme critique, s'acquiert le droit d'exiger beaucoup des autres en traduisant la *Rhétorique* d'Aristote avec une rare sagacité.

Ni Pindare ni Aristophane n'ont plus d'obscurités pour nous, depuis que Poyard a fait briller sur eux une clarté si vive et si pénétrante.

Horace, que sa mauvaise étoile condamna depuis la Renaissance à subir la torture de la main de plus de deux cents bourreaux différents, Horace a dans notre siècle la triple consolation de rencontrer sur son chemin Stiévenart, Patin et Jules Janin pour panser ses blessures.

Nous avons applaudi plus haut aux qualités supérieures du *Juvénal* de Paul Lacroix. Nous ne marchanderons pas davantage nos éloges au *Juvénal* en prose d'Eugène Despois. Le *Juvénal* d'Eugène Despois est écrit avec une précision, avec une fermeté, avec une élégance qui en font l'un des meilleurs ouvrages de ce temps.

Eugène Despois fut une rare intelligence doublée d'un caractère plus rare encore. A ce double titre il mérite de nous arrêter.

Les deux écrivains qu'il préféra à tous les autres furent Sénèque et Juvénal. Il s'était tellement pénétré de la philosophie stoïcienne que la gravité de sa physionomie contrastait avec la frivolité de nos mœurs contemporaines. On sait comment Eugène Despois, obéissant à un scrupule de sa conscience, refusa, après le coup d'État, de prêter serment, et fit à ses convictions politiques le sacrifice de sa situation de professeur de rhétorique au lycée Louis le Grand. Pendant toute la durée du second Empire, Eugène Despois vécut des ressources qu'il put trouver, d'une part, dans l'enseignement libre, d'autre part, dans ses travaux littéraires.

Le gouvernement de Thiers s'empressa d'offrir à Eugène Despois, à titre de réparation, une place d'inspecteur général de l'Université. Eugène Despois refusa cette position, comme trop avantageuse. Il en accepta une beaucoup plus modeste et peu lucrative, celle de bibliothécaire de la Sorbonne.

Par l'austérité de sa vie, par l'inflexibilité de sa conduite, par la rudesse antique de sa probité, il ressuscitait jusqu'à un certain point à nos yeux quelqu'un de ces graves philosophes du Bas-Empire, spectateurs attristés des époques de décadence. A ce titre il était bien préparé pour traduire le plus fougueux dénonciateur de la corruption romaine.

Ce qui place Juvénal si haut dans l'estime de la postérité, c'est moins peut-être l'éclat fulgurant de sa verve poétique que le courage même avec lequel il s'y livra en face de son siècle. La conscience de Juvénal est au niveau de son génie, et c'est ce qui assure à Juvénal une supériorité morale sur presque tous les autres poètes de la Grèce et de Rome. Sa poésie nous apparaît comme la protestation courroucée et vengeresse de la probité contre le vice.

Pour bien traduire un tel écrivain, le talent seul ne suffirait pas, à ce qu'il me semble. Il y faut encore quelque chose de plus, et ce quelque chose c'est ce qui appartenait si bien à Eugène Despois, je veux dire une sorte d'affinité avec le tempérament de l'auteur.

Eugène Despois a laissé plusieurs ouvrages estimables. Il n'en a laissé aucun qui lui fasse plus d'honneur que celui-là.

Maxime Gaucher, un autre professeur de rhétorique, nous a laissé la plus éloquente des versions de Thucydide.

En développant la thèse ingénieuse qui consiste à soutenir que Tite-Live fut un orateur, non un historien, M. Taine exprime-t-il une vérité ?... met-il en avant un paradoxe ?

Oui et non, si l'on veut bien se souvenir qu'un paradoxe n'est le plus souvent qu'une vérité présentée sous une forme piquante.

A parler franc, Tite-Live, avec le flot intarissable de son éloquence quelque peu rhétoricienne, avec son peu de souci des témoignages historiques, avec les aveuglements, les crédulités et les préventions de son orgueil patriotique, nous apparaît moins encore comme un véridique narrateur des faits accomplis, que comme un écrivain d'imagination, comme un poète. Ainsi que le remarque judicieusement et finement son traducteur, le nom de Tite-Live se trouve fort souvent associé par les anciens à celui de Virgile. C'est qu'en effet les *décades* se rapprochent bien plus du ton de l'épopée que du ton des annales. Tite-Live élève un monument à la gloire de Rome, comme Virgile ; comme Virgile il fait œuvre d'artiste, non de savant. Que lui importe en quels termes précis a parlé Annibal ? Le point principal, pour lui, c'est de composer un discours vraiment digne d'un si grand homme. C'est en cela que les procédés de Tite-Live ressemblent, je ne dis pas seulement à ceux de Virgile, mais à ceux des poètes en général. Aussi nul écrivain de l'antiquité n'a-t-il été plus que celui-ci critiqué pour le fond, loué pour la forme.

Pour bien traduire Tite-Live, il est clair que l'intelligence même la plus lucide du texte serait peu de chose, si elle ne s'alliait pas à des qualités littéraires distinguées. Aussi le style de Tite-Live a-t-il été presque toujours défiguré par les traducteurs.

Dureau de la Malle avait bien laissé un Tite-Live inachevé, que Noël s'était chargé plus tard de mener jusqu'au bout. On y avait bien applaudi une fois de plus le merveilleux Protée qui s'incarne avec tant d'habileté et tant de justesse dans les originaux les plus différents ; tantôt concis, profond, nerveux avec Tacite ; tantôt vif, pressé, rapide avec Salluste ; tantôt, enfin, doux, abondant et harmonieux lorsqu'il reproduit les périodes nombreuses de Tite-Live. Mais ce travail de deux mains inégales en puissance, ne pouvait, malgré son intérêt, être accepté comme définitif.

Le Tite-Live de Maxime Gaucher l'emporte sur le précédent, non seulement par l'unité de sa composition et par son exactitude rigoureuse, mais par son style. Il est écrit avec une dextérité, avec une élégance, avec une franchise d'allure qui lui donnent tout le charme d'un ouvrage original. Par l'importance de l'effort non moins que par l'excellence du résultat, il est un des ouvrages les plus distingués de notre temps.

Combien de noms j'aurais à citer encore, si je ne craignais pas de dépasser les bornes de mon sujet et de m'exposer au reproche de faire ici l'histoire des traducteurs plutôt que celle de la traduction elle-même. Toutefois je croirais manquer à un devoir de conscience en ne rendant pas justice à un travailleur dont les qualités furent plus solides que brillantes, mais qui joignit à une grande érudition une grande modestie, je veux parler de Charles Louandre.

La liste des traducteurs de Tacite ne pouvait être fermée plus dignement que par lui. Le plan qu'il adopte pour son travail ne manque pas d'originalité. Le nouveau traducteur s'applique surtout à profiter de ce qui a a été fait, et le mieux fait, avant lui. D'Ablancourt lui donne quelques-uns de ces mots heureux qui n'appartiennent qu'à la belle langue du XVIIe siècle ; d'Alembert, surtout J.-J. Rousseau sont mis par lui à contribution ; Montesquieu, Saint-Simon, Bossuet lui fournissent, non comme interprètes de Tacite, mais comme grands écrivains, des expressions qui s'adaptent parfaitement à Tacite. Enfin il emprunte à Dureau de la Malle quelques-unes de ses périodes majestueuses et graves, pendant qu'il suit Burnouf pas à pas pour la précision du sens.

A entendre Charles Louandre nous faire lui-même ces aveux dans sa préface, nous pourrions craindre tout d'abord de ne trouver dans son travail qu'une sorte d'habit d'Arlequin fait de pièces et de morceaux disparates plus ou moins bizarrement cousus ensemble. Ce serait bien méconnaître la qualité dominante du talent de Charles Louandre, et cette adresse particulière qui lui permet de s'assimiler sans effort apparent les richesses que sa patiente sagacité sait découvrir un peu partout. Cet écrivain possède à un haut degré le secret de rajeunir ce qui avait vieilli, de supprimer ce qui était superflu, d'ajouter ce qui manquait, d'élucider ce qui restait obscur.

Pour tous ces motifs, on peut dire de Charles Louandre qu'il fut moins un traducteur qu'un très remarquable et très intelligent remanieur (pardon pour le barbarisme) de versions déjà faites. Il revoit et il corrige les autres, plutôt qu'il ne crée lui-même. Une telle méthode, si elle n'est pas destinée à jeter un vif éclat sur l'ouvrier, ne saurait manquer d'être favorable à la perfection de l'ouvrage.

Parmi les traducteurs de notre époque, il est un petit groupe d'écrivains que la multiplicité et l'importance de leurs travaux, non moins que la supériorité de leurs talents, placent au premier rang. L'un des plus considérables d'entre eux est certainement M. Pessonneaux.

M. Pessonneaux est peut-être le plus fécond, le plus infatigable des travailleurs contemporains. On lui doit un *Suétone* des plus distingués ; on lui doit un *Virgile* et un *Homère,* un *Sophocle* et un *Euripide*. Les principaux mérites de ces travaux sont l'infaillibilité de l'interprétation et la sûreté du goût. Par une exception heureuse, la quantité, chez M. Pessonneaux, ne nuit jamais à la qualité.

Thucydide, si rebelle aux efforts des meilleurs interprètes, Thucydide, que nous avons vu lasser tour à tour la science de Lévesque et tout l'art d'Ambroise-Firmin Didot, a rencontré enfin dans Bétant de Genève et dans Zévort deux interprètes très capables de se compléter l'un par l'autre. Toute proportion gardée, il y a entre ces deux ouvrages une différence assez semblable à celle que nous avons observée entre le *Tacite* de Burnouf et celui de Dureau de la Malle. Le premier est plus exact et plus correct, le second est d'une lecture plus facile et plus agréable. Les professeurs, les philologues goûteront mieux celui de Bétant ; aux personnes du monde, au public proprement dit, celui de Zévort plaira davantage. Quoi qu'il en soit, il est toujours honorable de lutter contre Thucydide, fût-ce au prix d'une demi-victoire.

Hâtons-nous d'ajouter que, quinze années auparavant, M. Zévort avait, en collaboration avec Pierron, remporté une première victoire, non moins honorable, mais plus complète que celle-là, avec sa *Métaphysique* d'Aristote. On voit que M. Zévort est un lutteur de courage intrépide ; il dédaigne les faciles triomphes. Sa spécialité est de se mesurer exclusivement avec les adversaires réputés les plus redoutables.

N'ai-je pas commis une grosse injustice à l'égard de M. Talbot en proclamant M. Pessonneaux le plus fécond de nos traducteurs vivants ? Ni pour le nombre, ni pour l'importance, ni pour le mérite de leurs ouvrages, ces deux éminents universitaires n'ont rien à s'envier l'un à l'autre.

M. Talbot, l'un des vétérans de l'Université, a débuté dans les lettres par un chef-d'œuvre. Son *Lucien* n'est pas seulement le plus parfait de ses travaux, il est encore l'une des meilleures versions qui aient été faites du grec dans notre langue.

M. Talbot apporte dans ses traductions de Xénophon et des *Hommes illustres* de Plutarque les mêmes trésors de savoir impeccable et d'interprétation lumineuse et élégante. Puis, après s'être délassé des moralistes et des historiens avec Sophocle et avec Térence, il fait œuvre d'archéologue en exhumant de la poussière un très curieux monument de la littérature du XVIᵉ siècle, l'*Hérodote* de Pierre Saliat.

Nous avons raconté plus haut comment cet ouvrage, longtemps oublié, avait été remis en lumière par M. Talbot, et quel service le savant professeur avait rendu aux lettres par cette publication. M. Talbot nous a restitué l'*Hérodote* de Saliat dans sa forme et dans son orthographe primitives. Il s'est borné à en corriger les inexactitudes inhérentes à l'époque où l'ouvrage a vu le jour. Ainsi rajeunie et ravivée, cette version est comme ces toiles des vieux maîtres qui ont disparu longtemps sous une couche de poussière, mais qu'une main habile et pieuse a su restaurer. Elle retrouve subitement, après plusieurs siècles, la fraîcheur de son premier coloris.

Ce n'est pas parce que M. Leconte de Lisle est doué d'un mérite littéraire hors ligne qu'il veut être considéré à part comme traducteur. Mais la nature même de ses qualités, sans analogie comme sans parenté d'origine avec celles des traducteurs dont on a parlé ; mais l'indépendance excessive de sa manière ; mais le caractère absolu et inflexible de sa personnalité, tout fait de lui comme un étranger au milieu de ses émules contemporains.

M. Leconte de Lisle, en traduisant les auteurs grecs, se propose pour but de les restituer dans leur physionomie antique et hellénique. A ce point de vue, son *Homère* est un chef-d'œuvre de vérité esthétique et littéraire. M. Leconte de Lisle donne un corps au rêve de Ponsard. Ce que Ponsard n'avait pu que nous faire deviner à travers le nuage d'une imitation poétique, M. Leconte de Lisle nous l'expose, à nu et en détails, dans la réalité d'une prose transformée par lui en une sorte d'appareil photographique où l'image se reflète telle quelle.

M. Leconte de Lisle pousse le scrupule de littéralité, je ne voudrais pas dire jusqu'à la puérilité, mais je dirai jusqu'à l'exagération la plus bizarre ; voilà une vérité dont tout le monde convient, et voilà un reproche qui lui a été adressé bien des fois, non sans amertume. Ses *Eucnémides Akhaïens* et son *Père Okéanos*, ses *Grecs aux belles grevières* et ses *Moires,* ont eu le don d'irriter les personnes de goût délicat ou timoré. Elles y ont vu une affectation et un paradoxe, plutôt qu'un progrès sérieux, et n'ont pas estimé que ces hellénismes, dépaysés dans notre langue, fussent ni un embellissement, ni une restauration véritables. Elles ont eu raison de penser ainsi, et il est clair que si nous admirons *l'Homère* de M. Leconte de Lisle, c'est non à cause de ces locutions, mais en dépit d'elles. On remarquera toutefois que ces critiques ne portent, en réalité, que sur des détails, et même sur des détails d'un intérêt assez secondaire. Il convient, ce me semble, de rendre à un éminent esprit une justice plus pleine et plus large.

Il est arrivé à M. Leconte de Lisle ce qui arrive à tout novateur : il est quelquefois allé au delà du but, par crainte de rester en deçà. Mais s'il est vrai qu'il nous a rendu le langage des Homérides dans sa naïveté et dans sa force ; s'il s'est pénétré du génie des antiques aèdes avec tant de curiosité et tant d'amour, que la copie, dont il nous fait bénéficier, reste, en définitive, la reproduction la plus vivante que nous possédions des poèmes homériques ; applaudissons sans réserve aux hardiesses heureuses de ce grand artiste, et gardons-nous de nous appesantir sur les légères imperfections de son ouvrage.

Nous saluerons dans M. Leconte de Lisle, non seulement le dernier en date des traducteurs français, mais l'un des plus remarquables et des plus parfaits, et nous saluerons son *Homère* comme le plus pur encens qui ait été brûlé au XIXe siècle en l'honneur de l'antiquité.

Nous voici parvenus au terme de cette longue étude. De l'ensemble des faits et des appréciations qu'elle renferme on peut tirer une conclusion : c'est que la traduction a suivi en France une marche à peu près parallèle à celle de la société elle-même. Chacune des transformations successives que nous avons signalées de l'art de traduire correspond à une modification plus ou moins profonde soit de l'état des esprits, soit des mœurs, soit des goûts littéraires de la nation. Empanaché sous Louis XIV, philosophique au temps de l'Encyclopédie, théâtral et poncif sous le premier Empire, nous l'avons vu aboutir de nos jours au réalisme scientifique, qui est la note dominante de ce siècle.

Et maintenant, après avoir honoré d'un dernier hommage les travailleurs du passé et ceux de l'heure présente, souhaitons que les travailleurs de l'âge à venir ne se montrent inférieurs ni à leurs glorieux ancêtres ni à leurs prédécesseurs immédiats.

Mais un tel vœu ne ressemble-t-il pas à un blasphème, quand il est formulé dans la patrie d'Amyot, de Mme Dacier et de Burnouf ? Non, disons-le avec assurance, jamais les descendants du vieil Oresmes ne démentiront leur noble origine. Aussi longtemps que notre vieille Université sera debout, aussi longtemps que l'École normale formera pour notre enseignement supérieur des hommes de goût et de savoir, capables d'aimer l'antiquité et de la faire aimer aux autres, le bel arbre de la Traduction continuera à prospérer sur notre sol, et les mains françaises continueront à élever à la gloire des grands écrivains de la Grèce et de Rome le genre de statues qui doit plaire le mieux à leurs Ombres… Ce sont de bonnes traductions de leurs chefs-d'œuvre.

1 Dans un article, d'ailleurs trop élogieux, le *Polybiblion* m'a adressé un reproche, celui d'accorder à Victor Cousin, comme traducteur de Platon, des louanges exagérées. Après avoir relu attentivement le *Phèdon* de V. Cousin, tout en remerciant le *Polybiblion* de sa critique comme de ses éloges, je maintiens mon opinion première. — J.B.

JUSTIN BELLANGER

HISTOIRE

DE LA

Traduction en France

(AUTEURS GRECS ET LATINS

PARIS
ALPHONSE LEMERRE, ÉDITEUR
23-31, PASSAGE CHOISEUL, 23-31

M DCCCCIII